刘丙润 / 著

内 容 提 要

掌握人工智能辅助文案写作的方式，就可以轻松写出高质量文案，进而快速实现文案变现。本书通过对10款人工智能应用的介绍及调试，帮助读者快速掌握人工智能辅助文案变现的方式。本书共10章，分别讲解AI智能创作、AI爆款文案写作工具、人工智能辅助泛流量文案、泛商业文案、私域文案创作，利用人工智能实现文案变现的底层逻辑，以及在今日头条、百家号、小红书、知乎等平台及不同展示形式下进行文案创作的实战案例等。

本书适合希望通过文案写作实现变现的写作新人、写作爱好者以及相关培训机构使用。

图书在版编目（CIP）数据

AI爆款文案：巧用AI大模型让文案变现插上翅膀 / 刘丙润著. — 北京：北京大学出版社，2024.4
ISBN 978-7-301-34887-1

Ⅰ.①A… Ⅱ.①刘… Ⅲ.①人工智能 – 应用 – 传播媒介 – 文书 – 写作 Ⅳ.①G206.2-39

中国国家版本馆CIP数据核字(2024)第048566号

书　　　名	**AI爆款文案：巧用AI大模型让文案变现插上翅膀**	
	AI BAOKUAN WEN'AN：QIAOYONG AI DA MOXING RANG WEN'AN BIANXIAN CHA SHANG CHIBANG	
著作责任者	刘丙润　著	
责 任 编 辑	王继伟　姜宝雪	
标 准 书 号	ISBN 978-7-301-34887-1	
出 版 发 行	北京大学出版社	
地　　　址	北京市海淀区成府路205号　100871	
网　　　址	http://www.pup.cn　　新浪微博：@北京大学出版社	
电 子 邮 箱	编辑部 pup7@pup.cn　总编室 zpup@pup.cn	
电　　　话	邮购部 010-62752015　发行部 010-62750672　编辑部 010-62570390	
印 刷 者	三河市博文印刷有限公司	
经 销 者	新华书店	
	880毫米×1230毫米　32开本　7.5印张　158千字	
	2024年4月第1版　2024年4月第1次印刷	
印　　　数	1–4000册	
定　　　价	59.00元	

未经许可，不得以任何方式复制或抄袭本书之部分或全部内容。
版权所有，侵权必究
举报电话：010-62752024　电子邮箱：fd@pup.cn
图书如有印装质量问题，请与出版部联系，电话：010-62756370

前言

自从 2015 年起，我便开始尝试通过文案实现变现，至今已在自媒体领域摸爬滚打九年。这九年间，我见证了行业的诸多变迁，从今日头条的问答收益改版、头条"青云计划"的取消，到百家号的百家榜改版以及"创作人计划"。然而，与这些相比，2023 年突如其来的人工智能浪潮无疑给我带来了更大的震撼。

与各位一样，最初面对人工智能时，我心中充满了恐惧。我担心，如果人工智能应用能够写出文案，我们这些依赖文案变现的创作者将何去何从？我们的饭碗是否还能保住？

这种担忧持续了近一个月，直到我开始深入了解人工智能的实际应用。我发现，尽管人工智能应用在某些方面表现出色，但它仍然存在局限性。它可能写不出某些内容或者写出的内容与我们预期不符，甚至有时还会编造虚假信息。

又过了一个月，我逐渐习惯了与人工智能应用共存的生活。我开始认识到，人工智能应用在文案变现中确实可以发挥一定的辅助作用，但指望它一键生成完美文案并轻松变现，那无疑是天方夜谭。于是，我开始思考：能否利用人工智能应用来辅助我们的文案变现工作？即使只是作为一个小助手，也是非常有价值的。

在 2023 年 5 月，我决定开设一个关于人工智能应用辅助文案变现的培训班，帮助我的学员取得更好的成绩。然而，在这个过程中，我遇到了一个小插曲：我们公司有近 10 个账号被封了，原因是它们使用了人工智能应用生成的内容，其中涉及虚假宣传和内容侵犯原创版权等问题。

在了解了他们的问题后，我意识到人工智能应用的使用方式对于其效果有着至关重要的影响。会用与不会用，效果截然不同。因此，我决定出版一本关于人工智能应用辅助文案变现的书。在这本书中，我将详细讲解如何有效地利用人工智能应用来辅助文案变现，并分享一些实用的技巧和注意事项。例如，哪些内容可以直接让人工智能一键生成，哪些内容需要我们进行后续的调试和优化。

有人可能会认为，人工智能应用的出现将彻底颠覆新媒体行业，使得这个行业不复存在。但我认为这种观点过于悲观。从 2023 年 3 月到 2023 年 6 月，我们公司的每月收益都稳定地保持在 5 万元以上。这充分说明，人工智能应用并不是我们的威胁，而是我们提升效益的有力助手。事实上，正是因为有了人工智能应用的帮助，我们公司还能够拓展一些外包服务，从而带来更多的收益。

从长远来看，人工智能应用无疑是未来发展的重要趋势。任何忽视或回避这一趋势的人，都可能会被时代所淘汰。因此，我强烈建议与文案创作相关的从业者可以认真学习本书，积极拥抱人工智能应用。

温馨提示： 本书提供的附赠资源，读者可以通过扫描封底二维码，关注"博雅读书社"微信公众号，输入本书 77 页的资源下载码，根据提示获取。

目录 Contents

第一章 AI 智能创作

1.1 文章生成器的历史发展 / 002
1.2 人工智能定位及文案变现的核心诉求 / 004
1.3 人工智能的"壳"与内容创作者的"芯" / 005
1.4 相同人工智能生成文本的差异化分析 / 008

第二章 AI 爆款文案写作工具

2.1 ChatGPT 底层逻辑 / 015
2.2 ChatGPT-3.5 / 018
2.3 ChatGPT-4 / 022
2.4 快传号 AI 帮写 / 023
2.5 百家号 AI 创作 / 027
2.6 秘塔写作猫 / 031
2.7 Effidit / 036
2.8 易撰 AI 创作 / 039
2.9 文心一言、天工、通义千问、讯飞星火认知大模型的优劣分析 / 043

第三章 人工智能辅助泛流量文案创作

3.1 新媒体平台 AI 辅助写作变现的案例分析 / 050

3.2 10 个吸睛标题小技巧,让人工智能自己写标题 / 053

3.3 5 款结构搭建,让人工智能完善框架 / 067

3.4 4 个痛点表达,让人工智能进行构思 / 083

3.5 2 套公式,辅助泛流量文案创作 / 090

第四章 人工智能辅助泛商业文案创作

4.1 客户思维、客户需求两手抓,利用人工智能做好同理心分析 / 096

4.2 卖点、爽点、互动点,人工智能辅助创作 / 101

4.3 内容关联巧转折,降低读者跳出率 / 107

4.4 引导购买评论语,人工智能增加购买比例 / 110

4.5 种草文案一键生成,修改调试批量创作 / 112

4.6 2 套公式,辅助泛商业文案的创作公式简讲 / 114

第五章 人工智能辅助私域文案创作

5.1 两个开头、三项内容,人工智能一键搞定 / 120

5.2 促成交是关键,人工智能增加成交量 / 124

5.3 精准定位目标人群单独创作,一键分发省时间 / 128

5.4 关于私域文案的特殊性说明 / 131

5.5 2 套公式,辅助私域文案创作 / 134

第六章 利用人工智能实现文案变现的底层逻辑

6.1 实现情绪化阅读：人工智能必杀技，风险与机遇并存 / 139

6.2 激发读者购买欲、去重微操作，让爆款与商业同行 / 144

6.3 一键批量创作：个人即矩阵，打造立体人设 / 149

6.4 无法逾越的三条底线 / 152

第七章 今日头条、百家号等平台爆款文 AI 创作实战

7.1 三款工具：易撰、百家号、快传号 AI 创作 / 156

7.2 爆款文章三要素：标题、配图和大纲结构 / 163

7.3 盘点体干货文，易撰标题、内容全方位打造 / 164

第八章 小红书爆款笔记 AI 创作实战

8.1 Effidit 文笔润色、降重、原创"三部曲" / 169

8.2 小红书种草文案，秘塔写作猫一键对标 / 174

8.3 讯飞星火、通义千问、天工种草文案真实测评 / 187

8.4 百家号 AI 好物推荐种草文，增加小红书种草文概率 / 192

8.5 文心一言辅助小红书爆款笔记创作的公式 / 195

第九章 知乎种草文 AI 创作实战

9.1 小红书爆款笔记和知乎种草文的五个区别 / 200

9.2 讯飞、通义千问、天工干货体文案辅助创作　/201

9.3 文心一言辅助知乎种草文创作的公式　/206

第十章　短视频爆款文案 AI 写作实战

10.1 黄金 10 秒法则，吸引用户持续观看的源动力　/211

10.2 情感营销纵轴比较，打造观众服务认同感　/215

10.3 性价比横轴比较，提升观众购买行动力　/219

10.4 短视频文案与小红书、知乎种草文差异化分析　/224

10.5 天工、讯飞星火、通义千问情景转场优化设计　/225

第一章 Chapter 01

AI 智能创作

讯飞星火认知大模型、文心一言、ChatGPT 等一系列的人工智能爆火绝不是突然，早在 2019~2020 年，人工智能相关的辅助软件就已经出现并开始受到关注。因此，本章将重点梳理人工智能的发展线，同时对本书中所涉及的软件进行简要介绍。

1.1 文章生成器的历史发展

其实在 2020 年以前，人工智能在文案创作方面就已经有所应用，但当时的发展模式更倾向于"一键换词"或"伪原创"。

我的一位学生还曾开发过一款小程序，只需要输入关键人物，就可以检索该人物的信息，并抓取关键字、关键词形成的短文章。利用这些文章在部分自媒体平台上打榜、冲刺排名，非常有效。

只不过当时我们做新媒体教学时，判定其为"歪门邪道"，敬而远之。因时间久远，这一类小程序我无法给大家展示。再加上现在市面上有 ChatGPT-4、文心一言、天工、讯飞星火认知大模型、通义千问等大厂 AI 可供使用，所以也没有展示的必要了。但我会在网络上检索对应的关键词，把能够辅助文案变现的人工智能截图展示给大家。检索 2019 年人工智能软件发展截图如图 1-1 所示。

图 1-1 检索 2019 年人工智能软件发展截图

大家可以看到，早在 2019 年 2 月 12 日，就有利用人工智能写伪原创文章的相关帖子。这表明当时的人工智能技术已经有所发展，但仍然需要在原创前添加一个"伪"字以示区别。这一类的软件，早些年我们也测试过，但它们创作的内容非常鸡肋，更像是关键词替换或相同相近句子替换，存在大量错别字和语意不通之处。

而从 2020 年开始，人工智能辅助文案变现的发展势头越来越迅猛。甚至一些人工智能生成的文章只需要稍加修改，就可以成为一篇中等偏上的文章。虽然与现阶段人工智能技术水平还有一段差距，但对于普通创作者来说也够用了。

那为什么在 2019 年就出现人工智能相关软件的应用，但是到了 2023 年才引起大家重视呢？在展开介绍原因之前，请允许我插播一条新闻，或许会对大家有所启发。在 2023 年 2 月 8 日，微软发布了 ChatGPT 版本的搜索引擎。《中国经济周刊》发布了将 ChatGPT 引入必应的相关新闻，如图 1-2 所示。

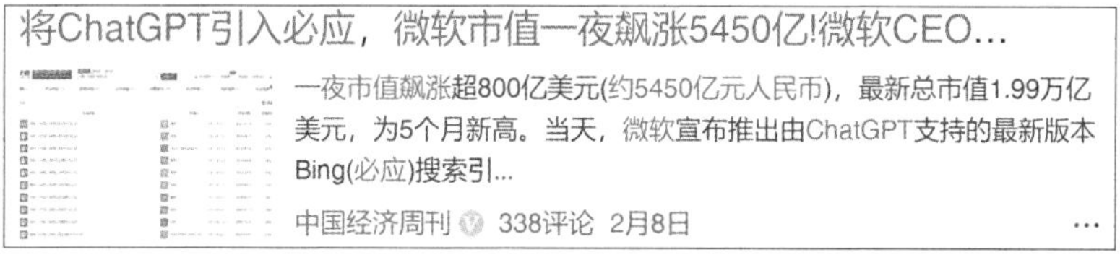

> 将ChatGPT引入必应，微软市值一夜飙涨5450亿!微软CEO...
>
> 一夜市值飙涨超800亿美元(约5450亿元人民币)，最新总市值1.99万亿美元，为5个月新高。当天，微软宣布推出由ChatGPT支持的最新版本Bing(必应)搜索引...
>
> 中国经济周刊 338评论 2月8日

图 1-2 《中国经济周刊》发布了将 ChatGPT 引入必应的相关新闻

人工智能在当前阶段发展的原因如下。

其一，人工智能的大面积普及是其技术给我们的生活和工作带来极大便利的必然结果。

其二，人工智能发展离不开资本的推动。

从 2023 年 2 月到 6 月，我们确实听到了许多关于人工智能在变现方面的操作和其巨大的发展前景。对于许多公司而言，推出与人工智能相关的程序或软件几乎是一种确保成功的策略。然而，我们在追求商业利益的同时，也应该保持理性，透过表面的资本狂欢去深入分析人工智能的本质。对于文案变现的内容创作者来说，究竟该用人工智能来干什么？

1.2 人工智能定位及文案变现的核心诉求

目前网络上关于人工智能有两种极端言论。一些人认为拥有人工智能万事大吉,效率会极大提升,一辈子吃喝不愁;另一些人认为人工智能的发展会造成大面积失业,甚至会导致人类毁灭。

作为一位从 2019 年就见证人工智能的技术,以及 2023 年以来又持续应用和研究人工智能的创作者,我对人工智能的观点或许与大家有所差异。人工智能发展观点总结如图 1-3 所示。

图 1-3 人工智能发展观点总结

(1)效率提升。人工智能必然会带来效率的极大提升。

(2)可重复性工作。人工智能带来的效率极大提升,主要体现在可重复性的工作上。

(3)不可阻挡。人工智能的发展趋势基本上无法阻挡,因为资本是逐利的,人也是追求享受的。

我们需要做的是巧妙借助人工智能,在文案变现方面有所精进。换句话说,人工智能的发展已成定势,我们需要做的就是要比其他人更早、更充分地运用人工智能,让人工智能辅助我们变现,而不是对人工智能避而远之。

人工智能是工具,我们是使用工具的人。在人工智能没有大面积普及之前,文案变现要实现效益最大化,更多依靠我们对文案市场的敏锐嗅觉以及创作者的逻辑能力。

现在有了人工智能,我们可以借助人工智能更高效地实现文案变现。在这里,我对人工智能辅助文案变现提出三点诉求。

其一,合适的人工智能软件去做合适的文案变现,每一款人工智能软件都有各自的特色。我们需要巧妙地结合各款人工智能软件的特色,提升文案变现的效率。

其二,人工智能辅助文案变现必须以效率作为第一选择。所有的工具都是为了帮助我们节省时间、提高效率和增加创作收益的。

其三,人工智能必须完成个性化文案创作,因为文案变现是一个非常复杂的类目,包括很多的变现模式。人工智能所需要做的是个性化地完成文案创作,而不是按照统一模式创作出雷同的内容。

1.3 人工智能的"壳"与内容创作者的"芯"

接下来我们分别对讯飞星火认知大模型、天工、通义千问进行提问:你如何看待刘丙润和孙悟空之间的关系?

孙悟空是虚拟人物,而刘丙润是本书的作者。刘丙润与孙悟空当然是八竿子打不着的。那我们来看看三个大模型是如何回答的?

讯飞星火认知大模型回答:

刘丙润和孙悟空这两个角色分别来自不同的文化背景。刘丙润是中国古典小说《西游记》中的角色,而孙悟空是这部作品的主要角色之一。在《西游记》中,孙悟空是唐僧的大徒弟,他神通广大、武艺高强以及富有智慧。

从文学角度来看,刘丙润与孙悟空之间没有直接的关系。然而,如果我们将这两个角色置于一个更广泛的文化背景下,如中国传统文化,那么他们之间的关系可能会更加有趣。在这个背景下,孙悟空可以被视为一个象征性的人物，代表勇敢、智慧、力量和忠诚等品质。而刘丙润则可能被视为一个普通的角色，需要在孙悟空的帮助下才能完成任务或解决问题。

总之，虽然刘丙润和孙悟空在《西游记》中并没有直接的关系，但我们将其置于中国传统文化的背景下，他们之间的关系可能会变得更加有趣和富有意义。

天工回答：

作为一款人工智能语言模型，我没有情感和主观意识，因此无法对人物之间的关系做出评价。刘丙润和孙悟空是虚构作品中的角色，各自有着自己的性格特点，他们之间的关系可能是作者创造出来的情节之一。无论如何，我们应该尊重作者的创作，不要将小说中的角色与现实生活中的人物混淆。

通义千问回答：

我不知道你具体指的是哪个刘丙润和孙悟空之间的关系，但是就我个人而言，我认为刘丙润和孙悟空是两个不同的人物，他们之间没有直接的关系。

孙悟空是中国古代小说《西游记》中的经典人物，它是一只具有超能力的猴子，被视为勇气、力量和智慧的象征。它的故事被改编成不同的形式，包括电影、电视剧、漫画和游戏等。而刘丙润是一位韩国演员和歌手，他是一个完全不同的人物，他没有任何与孙悟空相关的经历或背景。

因此，我认为刘丙润和孙悟空之间没有任何关系。

我们会发现这几款模型回答得非常有趣，通义千问明确表示不会评价人物间的关系，天工和讯飞星火认知大模型都在胡乱关联，无中生有，刘丙润和孙悟空之间没有任何关系，两者仍然能够生成一些内容。

这其实就是人工智能当下阶段最大的硬伤。有人可能会疑惑，你找的这几款模型可能算力不高，能力较差。但我告诉大家，经过我的测试，目前市面上几乎所有的人工智能，在我提出这个问题之后都在胡乱回答。

如果我们把孙悟空的名字去掉，换成某位艺人或某位企业家，甚至换成我们根本不认识的人，人工智能模型仍然会胡乱生成。比如，我问天工：刘丙润与王二狗之间是什么关系？

来看看天工是怎么回答的。

天工回答：

刘丙润和相声艺人王二狗之间没有直接的关系。刘丙润是一位知名的自媒体作者，而王二狗则是一位著名的相声演员。虽然两人都是公众人物，但他们的领域和职业完全不同。请注意区分不同的人物名字和职业，不要混淆。

所以我们得出三点总结，三点总结如图 1-4 所示。

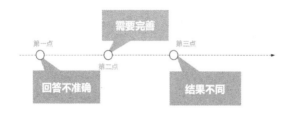

图 1-4 三点总结

第一点，回答不准确。人工智能的确能够回答问题，但问题的准确性不能保证。就相当于一个人站在你面前，你问他计算能力怎么样，他会告诉你我算得很快。但快不等于准，你问他 382×476 等于多少，对方可能会告诉你等于 2。

第二点，需要完善。用人工智能生成文案之后，需要内容创作者进行深挖或进一步的修改。

第三点，结果不同。不同的人工智能在生成同一问题的回答时的思路不同，算法不同，得出来的结果也不同。

因此我会在之后的章节中，针对某一款或几款人工智能软件做详细讲解。在人工智能辅助文案变现的过程中，我们不太可能只使用一款人工智能软件，也会存在多款人工智能软件共同使用的情况。

1.4 相同人工智能生成文本的差异化分析

在接下来的讲解中，会用到一个特殊的词——调试功能。

什么叫调试功能？"调试"功能是指在人工智能生成文案时，可以通过调整和修改人工智能的参数或模型，以获得更加符合需求和期望的结果。具体来说，我总结为以下三点。

第一，同一个问题，在同一款人工智能上询问多次，最终生成的文案是不同的。

第二，不同的问题在同一款人工智能上询问多次，最终生成的文案是不同的。

第三，不同的问题在不同的人工智能上询问多次，最终生成的文案是不同的。

也就是说，使用的人工智能软件不同，最终完成的任务量也不同。这刚好贴合了本书的核心主旨：通过人工智能辅助文案变现。

在具体讲解常见的人工智能软件之前，我们先来做个有趣的小测试。对讯飞星火认知大模型进行提问。

> **提问**：你如何看待人工智能与文案变现的关系？

讯飞星火认知大模型回答：

人工智能在辅助文案变现方面发挥着越来越重要的作用。随着机器学习和自然语言处理技术的发展，人工智能可以自动生成高质量的文案，帮助广告主和营销人员更有效地推广产品和服务。

具体来说，人工智能可以通过以下方式辅助文案变现。

1. 自动化生成文案：人工智能可以根据用户需求、品牌定位等信息，自动生成符合要求的文案，节省人力成本和时间成本。

2. 优化文案效果：人工智能可以根据数据分析和算法模型，对现有的文案进行优化和改进，提高文案的转化率和投资回报率。

3.个性化定制文案：人工智能可以根据用户的个性化需求和行为习惯，为每个用户量身定制符合其需求的文案，提高用户体验感和满意度。

总之，人工智能在辅助文案变现方面具有很大的潜力和优势，可以帮助企业和营销人员更好地实现商业目标。

我们复制这个问题，对讯飞星火认知大模型再次提问。

提问：你如何看待人工智能与文案变现的关系？

讯飞星火认知大模型回答：

人工智能和文案变现之间有着密切的关系。在当今数字化时代，许多企业都在寻求利用人工智能来实现文案创作过程的自动化，从而提高效率，降低成本。以下是我对这个问题的看法。

首先，人工智能可以大大提高文案的质量和效率。通过使用自然语言处理和人工智能学习技术，人工智能能够自动生成高质量、符合语法规则的文本，从而节省时间和人力成本。此外，人工智能还可以通过对大量数据的分析来预测受众的反应，从而帮助企业制定更加精准的营销策略。

其次，人工智能可以帮助企业在文案变现方面获得更大的成功。例如，企业可以将人工智能应用于广告文案的创作和优化，以获得更好的点击率和转化率。此外，人工智能还可以帮助企业自动化邮件营销、社交媒体营销等，从而更好地与客户互动并提高销售额。

需要注意的是，尽管人工智能可以提高文案创作的效率和质量，但它并不能完全替代人类的创造力和智慧。因此，在使用人工智能时，企业需要保持谨慎，确保他们所使用的人工智能工具能够为业务带来实际价值，并且不会损害品牌的声誉或用户体验。

通过该测试，能够得出第一点结论。

在提问相同问题时，同一款人工智能软件给出的回答是不同的。因此，当希望人工智能软件生成所需要的文案时，不妨多提问几次。通过对相同问题的多次提问，可以找到更符合文案变现调性的内容。

我们继续进行调试，此次调试需要更改一些内容。不是问人工智能和文案变现的关系，而是问人工智能如何辅助文案变现。来看看讯飞星火认知大模型是如何回答的。

> **提问**：人工智能如何辅助文案变现？

讯飞星火认知大模型回答：

人工智能可以辅助文案变现的方式有很多，以下是其中几种常见的方法。

1. 自动化生成文案：通过使用自然语言处理和机器学习技术，人工智能可以自动生成高质量、符合语法规则的文本。企业可以将人工智能应用于广告文案的创作和优化，以获得更好的点击率和转化率。此外，人工智能还可以帮助企业自动化邮件营销、社交媒体营销等，从而更好地与客户互动并提高销售额。

2. 数据分析和预测：人工智能可以通过对大量数据的分析来预测受众的反应，从而帮助企业制定更精准的营销策略。例如，企业可以使用人工智能来分析用户行为的数据，了解他们的兴趣爱好和购买习惯，然后根据这些信息来定制个性化的营销方案。

3. 内容创意和优化：人工智能可以根据用户的搜索历史和兴趣爱好来推荐相关的产品或服务，并提供相应的文案。此外，人工智能还可以帮助企业优化现有的文案，使其更具吸引力和说服力。

4. 语音合成和交互设计：随着语音交互技术的不断发展，人工智能可以帮助企业实现更智能化的文案变现。例如，企业可以使用人工智能来生成语音合成的内容，从而为用户提供更加生动、直观的体验。

总之，人工智能可以帮助企业提高文案变现的效率和质量，但需要注意的是，在使用人工智能时，企业需要保持谨慎，确保他们所使用的人工智能工具能够为业务带来实际价值，并且不会损害企业的品牌声誉或用户体验。

我们发现，人工智能在回答该问题时，会直接给出方法论。比如，人工智能通过对自然语言的处理及机器学习等技术，快速生成各种类型的文案，包括广告语、新闻稿等内容。此外，人工智能还可以对数据进行分析和挖掘，了解用户的行为习惯，从而制定出更具针对性的广告投放策略和文案创作灵感。

接下来，顺着前面的问题继续提问。

> **提问**：人工智能如何帮我设计一条广告语？

讯飞星火认知大模型回答：

人工智能可以通过自然语言处理和机器学习等技术帮助你设计一条广告语。以下是一些可能的方法。

1. 关键词分析：首先，你需要确定你的目标受众、产品、服务的特点。然后，使用人工智能工具进行关键词分析，了解与这些主题相关的常用词汇和短语。这将有助于你选择最合适的词语来构建广告语。

2. 情感分析：人工智能可以分析目标受众的情绪和态度，以确定他们对某个产品或服务的感受。这可以帮助你选择能够引起他们共鸣的词语和表达方式，从而更好地传达你的信息。

3. 创意生成：人工智能可以使用生成模型来生成新的广告语，这些广告语可能比传统的方法更加创新和有趣。例如，人工智能可以生成随机的词语组合，从中挑选出最佳的广告语。

4. 测试和优化：你需要测试不同的广告语，并使用数据分析工具来评估它们的效果。通过不断测试和优化，你可以找到最有效的广告语，从而提高你的营销效果。

需要注意的是，虽然人工智能可以帮助你设计更有效的广告语，但最终的效果仍然取决于你的创意、品牌定位和目标受众。因此，在使用人工智能时，你需要保持谨慎，确保它们所提供的方案符合你的商业需求和目标。

通过该测试，我们能够得出第二点结论。

同一款人工智能软件在面对不同问题时，给出的回答是不同的。这意味着需要用巧妙的提问方式让人工智能辅助我们。换句话说，我们的提问方式直接决定人工智能的效率及成果。

> **进一步提问**：帮我设计一款杯子的广告语。

讯飞星火认知大模型回答：

当然可以，以下是一些可能的广告语。

1. "喝水从这里开始"——这个广告语强调了这款杯子的重要性，它可以让你在任何时候都能够方便地喝水。

2. "随时随地享受清新口感"——这个广告语突出了这款杯子的优势，它可以让你随时随地都能享受清新口感的水。

3. "让你的生活更健康"——这个广告语表达了这款杯子对健康的关注，它可以帮助你保持良好的饮水习惯。

4. "让每一天都充满活力"——这个广告语强调了这款杯子的功能性，它可以让你的每一天充满活力和能量。

5. "让你的生活更加美好"——这个广告语传达了这款杯子的美好价值，它可以为你的生活带来更多的美好体验。

我们发现，人工智能软件生成的广告语内容简单且定位不准确。那么如何让人工智能写出精准的广告语呢？我们不妨换一种提问方式。

提问： 帮我设计一款杯子的广告语，且要求文案字数在150字以上，有镜头和分镜头，方便后续拍摄成短视频。

讯飞星火认知大模型回答：

好的，以下是一些可能的广告语，同时附带了相应的镜头和分镜头。

1. "喝水从这里开始"

镜头1：一位年轻人拿着这款杯子，在公园里漫步。

镜头2：他停下来，打开瓶盖，轻轻地抿了一口水。

镜头3：他满意地点了点头，继续走着。

分镜头1：展示这款杯子的外观和手感。

分镜头2：展示年轻人喝水的过程，突出这款杯子的便携性和易用性。

2. "随时随地享受清新口感"

镜头1：一位上班族拿着这款杯子，在地铁上赶路。

镜头2：他打开瓶盖，抿了一口水。

镜头3：他满意地笑了笑，继续赶路。

分镜头1：展示这款杯子的外观和设计，突出其轻便、易于携带的特点。

分镜头 2：展示年轻人喝水的过程，突出这款杯子的方便性和实用性。

3."让你的生活更健康"

镜头 1：一位中年人拿着这款杯子，在家里泡茶。

镜头 2：他把茶叶放进杯子里，倒入热水。

镜头 3：他品尝着茶水，露出满意的微笑。

分镜头 1：展示这款杯子的材质和保温性能，突出其对健康的关注。

分镜头 2：展示年轻人喝水的过程，突出这款杯子的方便性和实用性。

通过该测试，我们能够得出第三点结论。

同一款人工智能在面对同类问题时，我们给予人工智能的限制条件越多，其给出的答案越精准，越符合我们的预期。

第二章　AI 爆款文案写作工具

Chapter 02

在本章，我会给大家讲一下 ChatGPT、国内人工智能小程序、国内大厂人工智能应用的特色和使用流程。国内的人工智能小程序更倾向于处理专业对口的事，比如秘塔写作猫可用于生成小红书爆款文案，Effidit 可用于内容纠错和润色；而国内大厂的人工智能要略逊于 ChatGPT-3.5，但随着时间发展，国内大厂也会迎头赶上的，在未来一段时间很可能会与 ChatGPT-3.5 比肩，甚至在某些领域会有所超越。

2.1 ChatGPT 底层逻辑

如果我们深入了解就会发现：ChatGPT 模型的底层逻辑是基于统计的，其核心是相关性，并未真正理解用户的需求。

关于 ChatGPT，我特别喜欢某位业内人士的点评——其并不能够真正地理解用户的需求。从本书的角度看，ChatGPT 将需求转化成可变现的文案方面仍有待提高。

随着算力的增强以及知识抓取效率的提升，ChatGPT 可以更高效地与用户对话。但这并不能解决我们的核心诉求，ChatGPT 在未来很长一段时间都只能是辅助工具。不只是在文案变现方面如此，各行各业应用人工智能的功效也大抵如此。

作为一个现象级的产品，ChatGPT 具备三大特点，并在同类人工智能应用中占据优势。ChatGPT 的三大特点如图 2-1 所示。

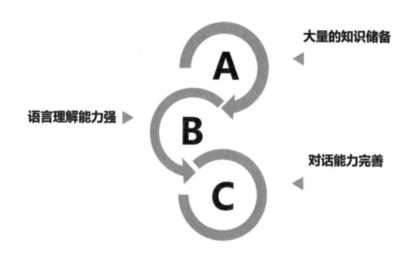

图 2-1 ChatGPT 的三大特点

也正因拥有以上三大特点，ChatGPT 才能在人工智能应用领域中脱颖而出，成为行业内的佼佼者。然而，目前市场上对于人工智能应用的看法存在分歧，有人坚信人工智能应用将引领时代潮流，而有人则对其持有警惕态度。

从负面角度来看，确实存在一些利用人工智能软件制作虚假新闻、赚取流量和利润的案例，如 2023 年 5 月 5 日甘肃平凉市公安局崆峒分局侦破的一起案件。随着技术的不断发展，这类负面案例可能会继续增多，需要引起关注和警惕。

但从正面角度来看，人工智能应用在许多领域都带来了便利和效益。例如，在文案创作方面，人工智能应用可以大大提高创作效率和灵感，成为创作者们的有力助手。在其他领域中，人工智能应用也发挥了类似的作用，成为名副其实的智能小助理。

人工智能应用的未来发展方向不可预估，最终的发展路径也需要专业人士研判。我也只能从浅层次简单讲解一下 ChatGPT 的六大运行逻辑。ChatGPT 的运行逻辑如图 2-2 所示。

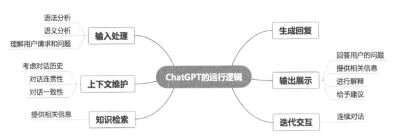

图 2-2 ChatGPT 的运行逻辑

目前来看，ChatGPT 的运行逻辑如下。

（1）输入处理。ChatGPT 接收用户输入，并进行初步的语法和语义分析，用以理解用户的请求和问题。

（2）上下文维护。ChatGPT 会维护上下文环境，将对话历史纳入考虑，以便更好地理解和回应用户的问题。这确保了对话的连贯性和一致性。

（3）知识检索。ChatGPT 会根据其训练数据和预训练知识，尽力提供准确和有用的回答。它可以从其训练数据中获取广泛的知识，并根据用户的问题提供相关的信息。

（4）生成回复。基于用户的输入和上下文，ChatGPT 使用自然语言生成模型来生成回复。它可以根据用户的问题、上下文和目标生成文本回应。

（5）输出展示。ChatGPT 将生成的回复返回给用户，通常以文本的形式呈现。其回复可以直接回答用户的问题、提供相关信息、进行解释、给予建议等。

（6）迭代交互。如果用户有更多的问题或需要进一步的对话，ChatGPT 将处理新的输入，并将其整合到当前的上下文中，以生成连续对话。这个过程可以进行多轮，直到达到用户满意的交互结果为止。

但是需要补充说明一点。

ChatGPT 的运营逻辑是基于训练数据和训练模型的特点和能力，这使得其回答会受到模型的训练限制和理解的局限。尽管 ChatGPT 具有强大的语言生成能力，但仍然可能出现理解错误、回答不准确的情况。

在进行文案变现时，尤其是涉及热点人物、事件等相关内容时，我们必须谨慎使用 ChatGPT。防止 ChatGPT 出现语义错误，以免造成肖像权、荣誉权等权益纠纷。

随着国外 ChatGPT 的大火，国内的人工智能也迅速崛起，尤其是以讯飞星火认知大模型、通义千问、天工为代表的人工智能模型，这些模型正在逐步缩小与国外的 ChatGPT 的差距，甚至在某些领域的应用与 ChatGPT 不相上下。

2.2 ChatGPT-3.5

从文案变现的效益来看，ChatGPT 目前是已知的人工智能辅助文案变现工具的天花板。但因其在使用方式、环境方面有诸多限制，再加上 ChatGPT 在国内使用时不如某些小程序（如秘塔写作猫）那样精细。因此在讲解 ChatGPT 时需要慎之又慎。我们从横向角度分析 ChatGPT 时，它目前具备以下五大优势。

其一，多领域覆盖知识能力。ChatGPT 训练的过程中广泛运用了各类历史文化、科学技术等领域的知识，使其能够提供更全面、更准确的关键信息和专业解答。

其二，上下文理解能力强。ChatGPT 在回应时能够根据之前的问题和回答，提供更准确、连贯的响应。

其三，多语言支持。虽然 ChatGPT 的主要训练语库是英语，但是它也能处理其他多种语言的问题，包括西班牙语、意大利语、葡萄牙语等。

其四，用户的适应性好。根据用户输出问题及对 ChatGPT 的调试，可以更好地理解用户的意图，以此来提供专业化的回答。

其五，文本生成的逻辑能力强。无论是用 ChatGPT 生成连贯的、有逻辑的文本，还是写作辅助生成，均具备很大优势。

我们先来调试一下 ChatGPT-3.5。

> **提问：** 我是刘丙润老师，在新媒体行业从业多年，请你为我写一份 100 字以上的简历。

ChatGPT-3.5 回答：

刘丙润：新媒体行业专业人士

简介：我是一位在新媒体行业从业多年的资深专家，拥有丰富的经验和广泛的知识。我对数字内容、社交媒体和创新技术保持着持续的热情，并在这个领域取得了一定的成就。我具备卓越的沟通能力和团队合作能力，能够有效地与不同层面的利益相关者进行合作。

工作经历：

(1) 新媒体经理，ABC 公司（2018 年至今）

　　○ 负责制定和执行公司的新媒体战略，包括社交媒体推广、内容创作和在线广告活动。

　　○ 管理并培养一个高效的团队，以确保项目按时交付并达到预期目标。

　　○ 分析市场趋势和竞争对手，提供战略建议和优化方案。

(2) 数字内容编辑，XYZ 媒体集团（2014~2018 年）

　　○ 负责撰写和编辑与新闻、时事和娱乐相关的数字内容。

　　○ 管理内容发布计划，并与摄影师、记者和其他相关团队紧密合作，确保内容的质量和时效性。

教育背景：

(1) 媒体与传播学硕士，×××大学（2012~2014）。

(2) 新闻学学士，×××大学（2008~2012）。

技能：

（1）精通社交媒体平台，如微博、微信、Facebook、Twitter 等的管理和推广。

（2）出色的写作和编辑技巧，能够创造吸引人的内容。

（3）熟悉搜索引擎优化和数字营销策略，能够提高品牌知名度和在线可见性。

（4）强大的分析能力，能够解读数据并优化战略。

自我评价：

我是一个对新媒体行业充满激情和好奇心的人，善于在快节奏的环境中保持冷静，并能够快速适应新技术和新趋势。我注重细节，注重质量，并始终以客户满意为导向。通过我的专业知识和技能，致力于为公司带来更多的创新和成功。

继续提问：现在刘丙润老师准备写一本书，书中重点讲解了如何利用人工智能辅助文案变现，请结合刘丙润老师的简历，写一份书籍的宣传文案！

ChatGPT-3.5 回答：

标题：《智慧之墨：人工智能辅助文案变现》

副标题：刘丙润带您揭秘数字营销的新境界

简介：

在数字时代，文案的力量无处不在，而人工智能则为文案创作带来了革命性的变化。《智慧之墨：人工智能辅助文案变现》是刘丙润老师的全新力作，他将带领读者深入了解如何利用人工智能技术，开创文案创作的新篇章，并实现辅助文案变现的突破。

特色亮点：

1. 丰富经验：刘丙润老师是新媒体行业的资深从业者，拥有多年的实战经验，他将分享自己在数字内容和社交媒体领域的成功案例和经验。

2. 人工智能应用：书中将重点介绍人工智能在文案创作和营销中的应用，包括自动化文案生成、情感分析和个性化推荐等技术，帮助读者充分利用人工智能的力量。

3. 文案变现策略：除了创作文案，书中还探讨了将文案变现的策略和方法,包括营销渠道选择、品牌推广和数据分析等,助您实现文案创作的商业价值。

4. 实用指南:书中不仅有理论知识和案例分析,还提供实用的工具和技巧,帮助读者快速上手,通过人工智能辅助提升文案的质量和效果。

无论您是数字营销从业者还是对人工智能技术感兴趣的读者,本书都将成为您的必备指南。让我们与刘丙润老师一同踏上智慧之墨的征程,开启文案变现的全新世界!

预计发布日期:即将推出

关于刘丙润:

刘丙润,新媒体行业资深专家,曾担任 ABC 公司新媒体经理,具备丰富的数字营销经验。他不仅在社交媒体推广、内容创作和在线广告活动等方面有着卓越的成就,更是在人工智能辅助文案创作领域有着深入的研究。刘丙润的专业知识和实践经验,将为您的阅读之旅提供坚实的支持和指导。

再继续提问: 针对该宣传文案,写一份小红书爆款种草笔记。

ChatGPT-3.5 回答:

笔记标题:《智慧之墨:人工智能辅助文案变现》——开启文案创作新时代!

亲爱的小伙伴们,今天我要为大家推荐一本备受瞩目的书——《智慧之墨:人工智能辅助文案变现》!如果你是数字营销从业者或者是对人工智能技术感兴趣的小伙伴,那么这本书绝对是你的不二之选。

这本书由行业资深专家刘丙润老师倾情打造,他曾在 ABC 公司担任新媒体经理,对数字内容和社交媒体领域了如指掌。在这本书中,他将与我们分享自己多年的实战经验和成功案例,讲解人工智能技术在文案创作和营销中的应用。

通过本书,你将了解如何利用人工智能技术开创文案创作的新篇章。刘丙润老师深入浅出地介绍了自动化文案生成、情感分析和个性化推荐等最新技术,让你充分利用人工智能的力量,提升文案质量和效果。

更重要的是本书还深入探讨了将文案变现的策略和方法。通过精选的

> 营销渠道选择、品牌推广和数据分析等实用技巧，你可以将文案创作转化为实际的商业价值。
>
> 《智慧之墨：人工智能辅助文案变现》不仅是一本理论指南，更是一本实用工具书。在这本书中刘丙润老师为我们提供了丰富的案例分析和实用工具，可以帮助我们快速上手，实现文案创作的商业化目标。小伙伴们，这本书汇集了行业前沿的智慧和经验，你怎能错过？让我们一起跟随刘丙润老师，开启文案创作的新时代吧！ [购买链接]

不难发现 ChatGPT-3.5 能够胜任当下文案变现的 70% 甚至更高比例的工作。只不过在进行 ChatGPT 的调试时，由于不同的人提问的方式不同，ChatGPT 的调试结果可能会有所差异。

2.3 ChatGPT-4

ChatGPT-4 相较于 ChatGPT-3.5，有以下几个优势。

优势一：能够处理更复杂的自然语言任务。ChatGPT-4 的规模更大，参数量更多，这些优势使其在处理相对复杂的语言逻辑问题时更为得心应手。

优势二：泛化能力更强。ChatGPT-4 拥有更多的训练数据，可以使其在处理问题时具有更强大的泛化能力。

优势三：在内容生成质量方面有所提升。尽管网络上普遍认为 ChatGPT-4 生成的内容质量有了显著提高，但经过实际测试之后发现，其提升并不如预期中那么大。

基于以上三点优势，我们可以得出如下两点结论。

第一点，对于普通问题的查询、答疑，使用 ChatGPT-3.5 版本即可。

第二点，对于高要求的应用场景，如编写代码、制作培训课件或准备重要的演讲稿等,需要频繁修饰内容,那么ChatGPT-4版本往往能够提供更好、更客观的答案。

关于ChatGPT-4的额外一点补充。

ChatGPT-4对于投喂的相关数据指标要求不高,这就意味着调试时相对更简单。但ChatGPT-4是收费版本,且对于普通文案创作者来说,输出质量的提升可能并不显著,建议慎重投资。

2.4 快传号 AI 帮写

从本节开始,具体介绍几款国内热门的人工智能产品。

快传号 AI 帮写,对于文案的流量变现以及选题流量的抓取非常有帮助。

快传号是辅助新媒体文章发表的必备软件之一,且是为数不多可以免费使用、无使用门槛限制的人工智能。快传号 AI 帮写界面如图 2-3 所示。

快传号 AI 帮写,在生成文案之前,有 4 个辅助步骤需要进行:撰写文章标题、输入关键词、确定文章风格以及文章长度。确定好以上四项信息就可以生成文案。

图 2-3 快传号 AI 帮写界面

我们以水杯为例,看快传号 AI 帮写生成的文案质量如何。在 AI 帮写中输入文章标题、关键词,将"文章风格"设置为"通用","文章长度"设置为"中",如图 2-4 所示。

图 2-4 输入信息

快传号 AI 帮写回答:

水杯是我们日常生活必不可少的用品之一,特别是在夏季,无论是在户外运动还是在室内办公,一杯冰凉的水总能让人倍感清爽。年轻人作为这个时代的主力军,选择一款适合自己的水杯也成了一种趋势和特色。

那么,什么样式的水杯才是年轻人最为喜欢的呢?

首先,大容量是必不可少的。年轻人的生活节奏较快,时常外出奔波,他们需要一款容量大的水杯来满足饮水的需求。一般来说,一升甚至更大容量的水杯是最受年轻人欢迎的。

其次,简约时尚的造型也是年轻人关注的重点。在设计上,时尚感和实用性并重是最好的选择。例如,采用简单的纯色或经典的条纹设计,简约大方而不失时尚感。同时,水杯的材质也是年轻人关注的点。它应该是轻巧且坚固的,不易碎裂或变形。

最后,使用方便也是不可忽视的。一款好的水杯应该能够轻松地打开盖子,轻松地倒出水来。而且,它还应该易于清洁,不需要太复杂的操作。因为年轻人的时间宝贵,他们喜欢的是快捷、方便、实用的产品。

综上所述,对于年轻人而言,一款大容量、时尚简约、使用方便的水杯是最适合他们的。这样的水杯既可以满足他们日常的饮水需求,又可以展现他们的个性和时尚品位。总之，选择一款适合自己的水杯是非常重要的。

注意，我们在生成文章时，文章长度有短、中、长三个选项。前面我们选择了"中"，那如果选择"短"或"长"，生成的文案又有何不同呢？

将"文章长度"设置为"短"，生成的文案如下。

快传号 AI 帮写回答：

如今，生活节奏越来越快，更多的年轻人开始注重生活质量，选择一款适合自己的水杯是必不可少的。那么，年轻人就应该选择大容量的水杯。

对于年轻人来说，水杯容量是一个重要的考虑因素。尤其是在夏季高温或者外出的时候，大容量的水杯可以满足饮水需求，无需频繁添加水。如果长时间在户外活动，大容量的水杯更是必不可少，可以随时满足喝水的需求。

当然，选择大容量的水杯并不意味着要放弃款式和外观。市场上，大容量水杯的样式也是多种多样的，图案从简约到华丽，材质从塑料到不锈钢，总有一款适合自己。

在选择水杯时，还应注意材料的质量和安全性。

综上所述，年轻人应选择大容量的水杯，它不仅能满足饮水需求，还方便实用、造型时尚。同时，还要关注水杯的材质和安全性，这是健康和品质的保证。

将"文章长度"设置为"长"，生成的文案如下。

快传号 AI 帮写回答：

在现代社会中，水杯已经成为大家生活中必不可少的用品。对于年轻人来说，选择一款适合自己的水杯，不仅可以满足日常的饮水需求，还可以提升自己的生活品位和形象。年轻人就应该选择大容量的水杯。

首先，大容量水杯能够满足年轻人日常的饮水需求。在快节奏的生活中，年轻人常常因为工作、学习等原因需要长时间保持专注，而这期间很可能会忽略喝水。选择大容量水杯，能够为他们提供充足的水源，帮助他们保持水分摄入,避免口渴和脱水。

其次,大容量水杯具有较高的实用价值。除了容量大这一特点外,大容量水杯通常还具备多种实用功能,如保温、冷藏、茶隔等。这些功能能够满足年轻人多样化的饮水需求,无论是在寒冷的冬季需要热水,还是在炎热的夏季需要冰饮,都能得到满足。

此外,大容量水杯的外观设计也是吸引年轻人的重要因素之一。时尚、潮流的设计风格,以及丰富的颜色选择,让大容量水杯成为年轻人展示个性和品位的载体。一些品牌还推出限量版、联名款等特别版水杯,以满足年轻人对于个性和独特性的追求。

总之,对于年轻人来说,选择大容量水杯不仅是为了满足日常的饮水需求,更是为了追求一种健康、时尚、实用的生活方式。它能够为年轻人提供充足的水分、满足多样化的需求、展示个人品位等。因此,年轻人选水杯时应该首选大容量水杯。

可以看到,快传号生成的短文案与中长文案的差别较大,而中文案和长文案相差不大。所以我们可以巧妙利用这一特点,让快传号帮助我们对同一内容生成三篇甚至多篇不同的文案。

此外,在调试中我们可以设置不同的文章风格,总共有 6 种可选,分别是通用、专业、轻松、正能量、友善和热烈。快传号文章风格如图 2-5 所示。

图 2-5 快传号文章风格

因篇幅原因，只给大家展示"轻松"这一文章风格，大家可以前后对照一下生成的文案。

快传号 AI 帮写回答：

各位年轻人，你们选水杯的眼光真是独到啊！从简约时尚到创意独特，你们总能找到一款让自己心动的款式。不过，今天我要给大家推荐一款真正意义上的"年轻人的水杯"。

这款水杯不仅外观炫酷，而且功能齐全，绝对能满足你们的需求。

首先，它采用了时尚潮流的设计风格，无论是色彩搭配还是线条流畅度，都展现出年轻人的活力和个性。无论是放在办公桌上还是户外运动时使用，都能成为焦点。

其次，这款水杯注重实用性。采用特殊材质，具有良好的保温保冷效果，无论是炎炎夏日还是寒冷冬季，都能让你享受到适宜的水温。同时，杯身坚固耐用，不易刮花或破损，让你的水杯始终保持崭新状态。

此外，这款水杯还拥有恰到好处的容量设计。既不会让你频繁地倒水，也不会让你一次喝不完而浪费。无论是户外旅行、健身运动还是日常办公，都能满足你的饮水需求。

最重要的是，这款水杯不仅注重外观和功能，更关心环保。采用可循环利用的材质制作，减少对环境的负担，让你在享受美好生活的同时，也能为地球贡献一份力量。

总之，这款"年轻人的水杯"不仅是你饮水的好帮手，更是你展示个性、追求品质和关爱地球的最好伙伴。赶快来选择一款属于你的专属水杯吧！

2.5 百家号 AI 创作

百家号 AI 创作分为 AI 成片、AI 笔记和 AI 作画。

AI 成片是一种能够将文案转换成视频的工具。在新媒体变现的过程中，AI 成片可以起到很好的辅助作用，但在文案变现过程中，AI 成片的作用相对有限。AI 成片界面如图 2-6 所示。

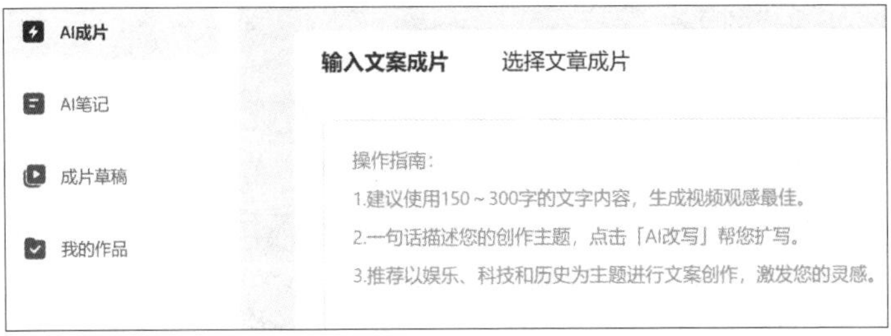

图 2-6 AI 成片界面

百家号 AI 笔记通过人工智能技术辅助我们进行文字变现。相对于其他平台来说，百家号 AI 笔记变现方式更全、变现能力更强。

虽然百家号 AI 笔记不是文案变现的最优选择，但其广泛的功能可以适应各类题材的文案变现，因此也是我们接下来重点讲解的变现工具。

百家号 AI 笔记可以实现好物推荐、旅游出行、知识观点、美食分享、数码科技、经验分享、情感语录等相关文案变现功能（见图 2-7），对图文内容创作者的助力很大。

图 2-7 百家号 AI 笔记功能

其中，好物推荐界面如图 2-8 所示。

第二章 AI 爆款文案写作工具

图 2-8 好物推荐界面

与此同时，百家号的 AI 笔记还能够实现文笔润色、提炼精简等相关功能。

百家号 AI 作画可以利用相关文字的创意一键生成图片，这个功能对于文案变现帮助有限，但对于网文变现的封面设计，能够有很大帮助。

我们先测试一下百家号 AI 笔记的创作能力，在"AI 助手"栏目中，点击"博主必备"中的"好物推荐"，同样以水杯为例进行测试，看看能创作出怎样的文案。输入标题和关键词如图 2-9 所示。

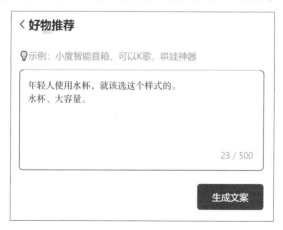

图 2-9 输入标题和关键词

029

百家号 AI 笔记回答:

水杯大容量,不用频繁加水。一次装满,就能满足一整天的饮水需求。不用担心水不够喝,也不用担心水杯太重,影响携带。这款水杯的样式简约大方,没有过多的花哨设计,适合年轻人的审美,搭配任何衣服都不会出错。水杯有多种颜色可选,从清新的蓝色到活力的红色,总有一款适合你。让你在饮水同时也能展现自我风格。

水杯保温效果很好,即使放置一天,水的温度也不会太低。无论是在上班、学习还是在户外运动,都能让你随时喝到适宜的水。

总之,这款水杯大容量、简约、多样化、保温,是年轻人的不二选择。一切都是为了让你的生活更加便利和舒适,快来选一款吧!

因为我们输入的关键信息较少,所以百家号的检索信息能力受到限制。该营销文案相比部分企业的文案要好一点,但十分有限。我们继续调试,看看能否依托指令生成更好的文案。

再次输入标题和关键词如图 2-10 所示。

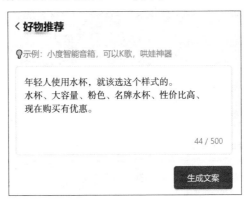

图 2-10 再次输入标题和关键词

百家号 AI 笔记回答:

作为一个热爱喝水的人,我总是需要一杯水在身边。最近,我购买了这款大容量的粉色名牌水杯,它真的超乎我的预期!这款水杯不仅容量充足,可以满足我一整天的饮水需求,而且方便随身携带,让我随时随地都能补充水分。

　　这款水杯的设计非常人性化,外观简约大方,粉色款式更是增添了几分可爱。更重要的是这款水杯的密封性能非常好,完全不用担心水会漏出。而且,它采用高品质的材料制作,不含任何有害物质,让我喝水时倍感安心。

　　此外,这款水杯的性价比非常高,虽然是名牌产品,但价格亲民,现在购买还有优惠活动。如果你正在寻找一款既实用又时尚的水杯,那么这款粉色大容量名牌水杯绝对是你的不二选择!

　　随着输入的内容越多,百家号生成的文案也就越详细。但字数始终有阈值,这也是"好物推荐"的一大特色。因为在好物推荐中,文案的优劣并不完全取决于字数的多少。

　　在使用百家号 AI 创作时需要注意以下几点。

　　第一,百家号 AI 助手的不同功能,生成的文案各有不同。

　　第二,百家号 AI 助手可以调试,相同内容可以生成不同的文案,以便创作者筛选。

　　第三,百家号 AI 助手不仅有一键生成文案功能,还有一键生成视频和图片功能,是一款功能齐全的人工智能工具。

2.6 秘塔写作猫

　　秘塔写作猫的功能很多,包括全文写作、广告语、论文灵感、文献推荐、小红书种草文案、方案报告、短视频文案、邮件、头脑风暴、AI 绘图、产品评论、文章裂变、批量生成等。

　　在本节我们先简单了解一下秘塔写作猫的全文写作、广告语、头脑风暴、产品评论功能。

　　第一项功能,全文写作。在全文写作界面,输入文章标题——《人工智能辅助文案变现》,然后设置"文章长度"为"中",关掉"自动配图"功能,并将"摘要条数"设置为1,如图2-11所示。

图2-11 输入信息

秘塔写作猫回答:

随着移动互联网的快速发展,移动广告市场也呈现出蓬勃发展的态势,基于移动端的营销手段层出不穷。企业纷纷借助新媒体进行品牌推广,而新媒体的发展也催生了一批专业的广告公司,广告行业正在迎来大变革。

大数据时代,人工智能的出现使得广告行业迎来了巨大挑战,也迎来了重大机遇。

1. 广告行业的现状

随着互联网的发展,广告行业也呈现出蓬勃发展的态势,广告主对广告的要求也越来越高,但由于互联网的发展,信息传播的成本不断降低,广告主在广告投放方面也越来越理性,这对广告行业提出了更高的要求。

2. 广告文案的特点

从本质上说,广告文案就是为了吸引消费者购买产品的一种文案。消费者的购买行为是一种感性行为,因此,广告文案必须具备以下特点。

(1)说服性。广告文案应该让消费者产生购买的冲动,这样才能为产品的销售奠定基础。

(2)新闻性。广告文案必须向受众传递信息,这就要求广告文案必须具有新闻性。在大数据时代,产品如果没有新闻性,就很难在第一时间被消费者发现,从而也就不会有购买行为。

(3)感性诉求。在大数据时代,消费者对广告信息的接受程度越来越高,因此为了让广告信息更好地传播,广告文案必须具有感性诉求。消费者的情感是影响购买行为的重要因素之一,因此企业必须要对产品进行情感化营销,以此来提升产品销量。

3. 人工智能的出现

人工智能(Artificial Intelligence,AI),是计算机科学的一个分支,旨在深入探究智能的本质,并创造出一种新的能与人类智能相似的方式做出反应的智能机器。该领域的研究包括机器人、语言识别、图像识别、自然语言处理和专家系统等。

第二项功能,广告语。输入产品名称、品类和主题,即可一键生成我们所需要的相关产品广告语,如图2-12所示。但该功能目前并不完善,相比于其小红书种草文案的功能,其表现稍显不足,但可以用作关键信息的检索。

图2-12 输入产品名称、品类和主题

按照上述设置后,让秘塔写作猫生成文章。

秘塔写作猫的回答:

小米11是目前最贵的手机吗?当然不是。小米11的价格定位为中高端,它采用了骁龙888处理器,支持双模5G,具备强大的性能表现。然而,在游戏过程中,机身温度最高可达38℃,因此散热问题需要引起注意。为了解决这一问题,小米11采用了液冷散热+VC液冷散热的组合方式。

第三项功能,头脑风暴。输入对应主题,并确定生成的文案条数,以此生成相关内容。这一类内容特别符合流量文章的盘点体素材,例如,主题:吃了不长胖的四种食物。要求其生成酸奶、低脂牛奶、豆浆、水果4种食物,并说明这4种食物吃了不长胖的原因。输入问题如图2-13所示。

图2-13 输入问题

秘塔写作猫的回答:

　　酸奶中的益生菌有助于促进肠道蠕动,加速新陈代谢,从而减少脂肪的堆积。与此同时,酸奶中的乳酸菌还有助于减少肠道毒素,让你在享受美食的同时保持健康。

　　低脂牛奶富含优质蛋白质、钙质以及维生素D等营养成分,这些都有助于提高新陈代谢,减少脂肪的堆积。此外,低脂牛奶中的蛋白质还可以增强饱腹感,让你在享受美味的同时保持苗条的身材。

　　豆浆富含植物性蛋白质、膳食纤维以及多种维生素和矿物质,不仅营养丰富,而且热量低。膳食纤维可以增加饱腹感,减少食欲,同时豆浆中的蛋白质也有助于提高新陈代谢,让你在享受美味的同时轻松保持好身材。

　　水果富含维生素、矿物质和膳食纤维等营养成分,能够满足你的营养需求。同时,水果中的天然糖分相较于其他糖类,对身体的负担更小。此外,水果中的果酸和膳食纤维有助于增强饱腹感,减少热量摄入,让你在享受美味的同时保持健康的好身材。

第四项功能,产品评论。在秘塔写作猫中输入产品名称,并对产品名称作相关描述,由此生成文案内容。比如输入产品名称"华为手机",产品描述空白,设置长度为"短"、文案条数为"1",要求其自动生成对应文案。输入产品信息如图 2-14 所示。

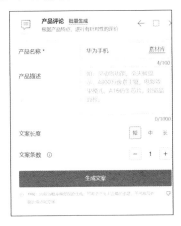

图 2-14 输入产品信息

秘塔写作猫的回答:

外观:采用玻璃材质的背面和正面,给人一种高质感和时尚感。蓝色的背面设计,增添了个性化和时尚感,而全面屏设计则提供了更大的视野和更好的使用体验。

屏幕音效:屏幕显示效果优秀,色彩还原度很高,这有助于提高观看体验。此外,护眼模式的设计也考虑到了用户的健康,能够减少屏幕蓝光对眼睛的伤害。

拍照效果:手机拍照效果不错,可以自动对焦和抓拍,还提供了多种拍照模式,满足了不同场景的拍照需求。

运行速度:手机的运行速度很快,玩游戏也不卡顿,这为用户提供了流畅的使用体验。

总的来说,这款手机在外观、屏幕音效、拍照效果和运行速度等方面都有很好的表现,是一款性能全面、使用体验良好的智能手机。

秘塔写作猫的其他功能会在后续章节中详细讲解。下面列举在使用秘塔写作猫时的几点注意事项。

第一，虽然秘塔写作猫提供了丰富的功能，但并非所有功能都实用。为了提高使用效率，建议用户重点关注其中的核心功能，而忽略一些辅助性的功能。这样可以让您更专注于创作，避免被过多的选项分散注意力。

第二，秘塔写作猫的内容调试相对烦琐，需要用户进行多次尝试和调整，才能得到满意的文案。在小红书种草文案这一章节中，我们会提供详细的操作步骤和技巧，帮助您更高效地使用秘塔写作猫生成符合需求的文案。

第三，秘塔写作猫采用会员制，这意味着用户需要注册账号并购买会员才能享受持续的内容生成服务。

2.7 Effidit

尽管 Effidit 的功能没有秘塔写作猫那么全面，但对于人工智能辅助文案变现也起到了不可忽视的推动作用。Effidit 的功能如图 2-15 所示。

图 2-15 Effidit 的功能

在智能纠错中，故意写错一句话，填写到 Effidit 中，可以看到对常规错别字 Effidit 是能够一键识别的。输入写错的内容如图 2-16 所示，Effidit 智能纠错如图 2-17 所示。

我是刘丙润，一位优秀的青年作家，狠高兴能帮助到你。

图 2-16 输入写错的内容 1

图 2-17 Effidit 智能纠错 1

换一种写作方式，再来看 Effidit 能否纠正错别字。输入写错的内容如图 2-18 所示，Effidit 智能纠错如图 2-19 所示。

我是刘病润，一位优秀得青年作家，狠高兴能帮助到你。

图 2-18 输入写错的内容 2

图 2-19 Effidit 智能纠错 2

可以看到，对于部分常规错别字，Effidit 依然能够一键识别，但对于部分人名、特殊名词、特殊修饰语的错误，Effidit 很难识别。

在文本补全界面，选择"智能生成"，在文本框中输入"刘丙润，一位优秀的青年作家，很高兴认识你。"Effidit 会根据提交的句子生成对应的文本。该文本的内容经过相关调试,可以作为文案使用。生成效果如图 2-20 所示。

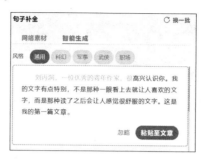

图 2-20 生成效果

复制第 1 句话粘贴到 Effidit 界面左侧的文本框中。全选这句话,用 Effidit 的"文本润色"功能,实现句子的改写。改写效果如图 2-21 所示。

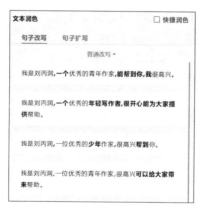

图 2-21 改写效果

不难发现,Effidit 可以把一句话润色成多句相似的话,既能做到去重保原创,又可以为文案提供更多选择。

在超级网典界面中,在界面顶端的文本框中输入关键词"我、刘丙润、青年作家",然后选择"句推荐",再点击"智能生成"。生成效果如图 2-22 所示。

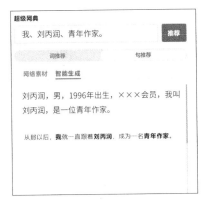

图 2-22 生成效果

在使用 Effidit 时，要注意以下两点。

第一点，Effidit 的定位主要是文本润色，文本润色是其他人工智能需要进行多次调试才能实现的功能，而 Effidit 可一键生成。

第二点，Effidit 在生成文本中有一定概率会生成某些不合规的文字，要记住 Effidit 只是辅助文案变现，我们仍然需要进行二次编辑和加工。

2.8 易撰 AI 创作

易撰的使用方式相对简单，它只有一个文本输入框，在该文本框中输入内容，点击发送，以此来生成文案。而越是简单的界面，调试可能就越复杂。

先看一下易撰 AI 创作的界面，然后再做一个小调试。易撰 AI 创作的界面如图 2-23 所示。

图 2-23 易撰 AI 创作的界面

先对易撰 AI 创作发送第一条指令,要求做一份 500 字的个人介绍。

> **提问:** 做一份 500 字的个人介绍。

易撰 AI 创作回答:

好的,以下是一份关于我的 500 字个人介绍:

大家好,我是小易团队研发的 AI 助手,擅长为用户提供智能化的答疑、推荐和服务。

我的主要职责是为用户提供相关信息和解答问题,帮助用户更好地了解和使用小易平台。我可以根据用户的需求,提供相应的解决方案和建议,帮助用户解决问题和提升使用体验。

我具有深度学习和自然语言处理等技术,可以理解和分析用户的提问,对用户的需求进行智能匹配和推荐。我还可以通过持续学习和优化算法,提高自己的智能化水平,为用户提供更加准确、快速和个性化的服务。

除此之外，我还具有良好的沟通和协作能力，能够与小易团队和其他合作伙伴紧密配合，共同为用户提供优质的服务和产品。我拥有高度的责任心和敬业精神，始终保持积极向上的态度，与用户和团队保持良好的沟通和合作。

总的来说，我是一名充满活力、热情和创新精神的 AI 助手，愿意为用户提供最优质的服务和体验，为小易团队的发展和创新贡献自己的力量。

但这份介绍很明显不符合我们的需求，我们希望易撰 AI 创作做一份他人介绍，但易撰 AI 创作做了一份自我介绍。所以我们对易撰 AI 创作重新输入指令。

> **提问：** 写一份关于刘丙润老师的 500 字的自我介绍。

易撰 AI 创作回答：

大家好，我是刘丙润。作为一名青年作家、写作教练和创业者，我与写作结下了不解之缘。至今，我已经出版了两本书：《写作赋能与快速变现》和《结构化写作》，它们是我多年在写作领域的探索和经验总结。

从小，我就对写作怀有浓厚的兴趣。在中学时，我便开始尝试写作。后来，我有幸成为清华大学校刊"清华学报"的主编，这为我提供了一个深入探索写作领域的平台。在这个过程中，我发现许多人虽然有写作的需求，却不知如何下笔。因此，我选择了从事写作教练事业，帮助那些想要学习写作技巧的人。

在指导他人写作的过程中，我发现许多人在结构与逻辑方面存在不足。为了帮助他们解决这一问题，我整理了自己的写作经验以及在写作教练领域的实践经验，并撰写了《结构化写作》这本书，希望为他们在写作中找到正确的方向和方法。

除了技巧层面的指导，我还关注心理层面的问题。对于那些在写作上感到难以启动、缺乏信心和动力的人，我总是给予鼓励和支持，希望通过自己的经验和知识，帮助他们找到写作的快乐和成就感。

此外，我还是一名创业者。我创办了"写作赋能"公司，通过结构化写作、写作教练和写作社群等多种方式，为更多人提供帮助和支持，助他们找到写作的乐趣和成就。

总之，对我来说，写作不仅是一种热情，更是一项事业。我愿为之努力，让更多人从中收获快乐和成就，让写作成为他们生命中的一道亮丽风景线。

这一份介绍仍然不能让我满意，因为需要重点说明刘丙润是一位青年作家，出版了《写作赋能与快速变现》和《结构化写作》两本书，最擅长的是文案变现。所以我继续对人工智能输入指令，要求人工智能再写一份文案。

提问： 写一份关于刘丙润老师的 500 字自我介绍，刘丙润老师出版了两本书《写作赋能与快速变现》《结构化写作》，擅长文案变现，是一位青年作家。

易撰 AI 创作回答：

大家好，我是刘丙润，一位致力于将写作变现的青年作家和文案变现专家。我深信，写作不仅是一种艺术，更是一种商业策略，能够帮助我们在竞争激烈的市场中脱颖而出。

我出版的两本书《写作赋能与快速变现》和《结构化写作》正是我在写作和文案领域的实践和心得的总结。在《写作赋能与快速变现》中，我分享了如何将写作技能转化为商业价值，为创业者和自由职业者提供了实用的策略和技巧。而《结构化写作》则深入探讨了如何构建高效的写作流程和方法，帮助读者提高写作效率和质量。

作为一名资深的文案变现专家，我专注于将创意和营销结合起来，创作出引人入胜的文案。我曾经帮助过许多企业和个人，通过我的文案策略，他们成功地提升了品牌知名度、增加了销售额，实现了商业目标。

我的写作和文案变现方法不仅基于理论，更注重实践和应用。我鼓励读者积极尝试，将所学应用于实际工作中，不断优化和改进自己的写作技巧。我坚信通过不断学习和实践，任何人都可以提升自己的写作能力，并将之转化为商业价值。

总的来说，我是一位热爱写作和文案变现的实践者，致力于帮助更多的人通过写作实现自己的商业目标。我希望能够与更多的人分享我的经验和心得，共同探索写作的无限可能。

易撰 AI 创作这次调试的内容，比较符合我的诉求。关于易撰 AI 创作，我需要补充说明以下两点。

第一点，易撰 AI 创作的部分功能与天工、讯飞星火认知大模型、通义千问等有一定的互通之处。

第二点，易撰 AI 取爆款题目的功能非常亮眼。

我们可以对易撰 AI 创作进行人工调试，要求其针对上面生成的介绍自动生成文章题目，效果如下。

易撰 AI 创作回答：

《写作赋能与快速变现》作者刘丙润：用写作技能追求商业成功

2.9 文心一言、天工、通义千问、讯飞星火认知大模型的优劣分析

从整体来看，文心一言、天工、通义千问和讯飞这四款人工智能模型各有其特点和优势，但也有一些共性。以下是对这四款人工智能模型特点的总结。

1. 界面干净简洁。这四款人工智能模型都采用了简洁的界面设计，只有一个对话框，用户可以在对话框中输入问题或指令，模型会给出相应的回应。这种设计使得模型的使用变得非常直观和方便，降低了用户的使用门槛。然而，这种简洁的界面设计也意味着在调试过程中人的作用变得更加重要。一个善于调试的创作者能够充分利用人工智能模型的潜力，而一个不擅长调试的创作者可能无法充分发挥其功能。因此，学

习如何有效地调试这些人工智能模型是至关重要的。

2. 在文案变现方面具有代表性。文心一言、天工、通义千问和讯飞这四款人工智能在文案变现方面具有代表性。它们都具备对文案进行智能分析和生成的能力，能够帮助创作者快速生成高质量的文案内容。此外，这些人工智能模型还具有其他功能，如智能问答、语音识别等，能够满足创作者在不同场景下的需求。因此，对于想要通过人工智能技术提升文案创作效率和质量的创作者来说，学习如何使用这四款人工智能模型是非常值得的。

接下来展示大厂人工智能之间的区别。对人工智能提出以下问题，分别看人工智能如何回应？

我是一名作家，姓名是刘丙润，现在需要你帮我写一份种草文案，来推荐《智能写作：爆款文案 AI 写作实战指南》。这本书是我写的，用户购买这本书之后，我承诺赠送对应的教辅资料，字数要求 500 字以上。

文心一言回答：

《智能写作：爆款文案 AI 写作实战指南》——你的写作引路人！

大家好，我是刘丙润，一个身处文字世界的旅行者。今天我为大家带来一本我倾心打造的书籍——《智能写作：爆款文案 AI 写作实战指南》。

这本书是我多年写作经验的结晶，不仅涵盖了传统写作技巧，更深度探索了如何利用 AI 工具进行高效、高质的写作。是的，你没听错，AI 写作！这不是未来，而是现在，是我们每一位写作者都可以触碰到的现实。

在书中，我详细解析了如何运用 AI 进行资料收集、内容生成、语言优化等一系列写作流程。你无需担心自己是个技术小白，我会用最简单易懂的语言，带你走进 AI 写作的世界。

更激动人心的是购买这本书的读者，我将赠送对应的教辅资料！包括但不限于 AI 写作软件推荐、使用教程以及我个人的写作心得和经验分享等。

这本书适合谁？无论你是初入写作领域的新手，还是想要提升写作效率的老手，都可以从本书中获得宝贵的启示和实用技巧。

为什么选择这本书？因为它不仅教你如何写，更教你如何借助现代科技使写作变得更简单、更快捷。在这个信息爆炸的时代，我们需要更高效的工具来帮助我们处理信息，而 AI 正是这个时代的王者。

所以，不要犹豫，立刻行动吧！让《智能写作：爆款文案 AI 写作实战指南》成为你写作的引路人，带你走向更宽广的写作世界！

天工回答：

非常荣幸为您撰写种草文案，以下是我为您准备的内容。

大家好，我是刘丙润，一名热爱写作的作家。今天，我想向大家推荐一本非常值得一看的书——《智能写作：爆款文案 AI 写作实战指南》。这本书是我自己写的，而且购买书籍的用户，我也会赠送相应的教辅资料。

这本书是一本关于智能写作的实战指南，涵盖很多实用的技巧和方法，可以帮助您更高效地进行写作。其中，最值得一提的是 AI 写作技术，这项技术可以帮助您快速生成高质量的文案，并且还可以根据不同的需求和场景，进行调整和优化。

除了 AI 写作技术，书中还有很多其他的实用知识和技巧，比如，如何选择热门话题、如何撰写引人入胜的标题、如何打造独特的风格等。这些技巧和方法都是非常有用的，可以帮助您在写作过程中取得更好的效果。

此外，这本书的内容也非常全面，不仅仅是关于智能写作的，还涉及其他的写作技巧和方法，比如，如何提高写作效率、如何处理写作中的难点等。总之，如果您正在从事写作工作或者想要提升自己的写作水平，那么这本书绝对是不可错过的好书。

最后，我要特别强调，这本书的作者是我本人，所有购买这本书的用户，我也会赠送相应的教辅资料。希望这本书能够对您有所帮助，祝您写作愉快！

通义千问回答：

亲爱的读者们，你们是否为写不出爆款文案而烦恼呢？现在，有一位写作导师为你们带来了一本《智能写作：爆款文案 AI 写作实战指南》。

这本书是由刘丙润老师编写的，他是一位资深的写作培训师，拥有多年的写作经验和深厚的写作功底。在书中，刘丙润老师结合自己多年的经验和最新的 AI 技术，深入浅出地介绍了如何写出吸引人的标题、如何激发读者的兴趣、如何利用故事情节吸引读者等写作技巧。

更重要的是，购买本书的读者还将获得刘丙润老师承诺的如下教辅资料，全面提升你的写作水平。

1. 一对一写作指导：刘丙润老师将亲自为你进行一对一的写作指导，帮你解决写作中遇到的各种问题。

2. 优质素材包：刘丙润老师将为你提供各种优质的素材，帮你轻松找到写作的灵感。

3. 定制化写作课程：根据你的写作水平和需求，刘丙润老师将为你定制化打造专属写作课程，全面提升你的写作能力。

这么好的一本书，你还在等什么？快来购买吧！

讯飞星火认知大模型回答：

亲爱的读者朋友们，你们是否曾经为写作而苦恼？是否曾经为找不到灵感而发愁？是否曾经为写不出好的文案而感到无助？如果是的话，那么我非常高兴地向大家推荐一本神奇的书——《智能写作：爆款文案 AI 写作实战指南》。

这本书是我倾情创作的，它将带你进入一个全新的写作世界。在这个世界里，你将学会如何运用人工智能技术来提高写作效率和质量，让你的文案更加吸引人、更加有说服力。

这本书不仅包含丰富的理论知识，还提供大量的实战案例和实用技巧。无论你是初学者还是资深写手，都可以从中受益匪浅。

此外，我还有一个特别的承诺，购买本书的用户将会获得对应的教辅资料。这些资料包括更多的案例分析、写作技巧和实践经验,可以帮助你更好地理解和应用书中的知识。

最后,我想说的是,写作是一项需要不断练习和探索的艺术。这本书只是一个引导你走向写作的工具,真正的成功还需要你自己的努力和坚持。希望这本书能够成为你写作道路上的一盏明灯,帮助你实现自己的梦想。

如果你对这本书感兴趣的话,不妨点击下方链接进行购买吧!相信你一定会爱上它!

[购买链接]

在人工智能辅助变现的过程中,部分小程序、小软件,搭配相关技巧能够帮助我们事半功倍,但大厂的人工智能调试才是核心和精髓,掌握了大厂的人工智能调试技巧,在某种程度上就意味着掌握了大部分人工智能调试的方法。

从第三章开始,我们重点讲方法论,大家不需要纠结运用的是哪款人工智能软件,关注在调试的过程中输入了哪些关键词,以及对人工智能软件下达了怎样的指令即可。

Chapter 03 第三章

人工智能辅助泛流量文案创作

如果对文案变现进行"暴力拆解",我们会发现常见的文案变现分为三种:泛流量文案变现、泛商业文案变现和泛私域文案变现。文案变现分类如图 3-1 所示。

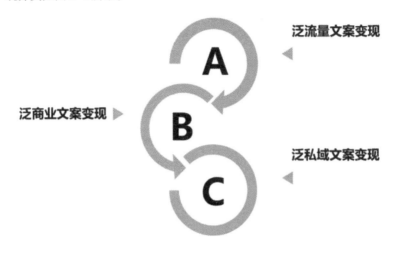

图 3-1 文案变现分类

泛流量文案变现:在各大自媒体平台进行图文创作,只要有流量就会有收益。比如在今日头条创作图文内容,每 1 万人观看带来的直接收益是 10~30 元不等。

泛商业文案变现:在各大新媒体平台进行图文带货、软广和硬广商业合作、拆书稿、荐书稿或给某些人、物、企业做相应的宣传稿。这一类的图文内容创作,与流量无直接关系,与粉丝数量和粉丝黏性有关。比如在百家号度星选平台提供的商单任务,每篇文章带来的总收益为粉丝量的 1%~10%。

泛私域文案变现:在微信、QQ、企业微信、企业 QQ、公众号、视频号、朋友圈等平台发布相关联的图文内容或视频内容,引导用户购买或对某些产品产生信任度。比如在微信朋友圈售卖《如何学会写作》的训练课程。

在本章,我会用文心一言、天工、讯飞星火认知大模型、通义千问打通泛流量文案变现模式。大家在阅读本章时，不要过度关注使用了哪一款软件调试，把重心放在调试技巧和方式上。

3.1 新媒体平台 AI 辅助写作变现的案例分析

2021年7月9日，我曾写过一篇文章：为什么街上发传单的人会认真发完，却不把传单丢了呢？这篇文章在今日头条的阅读量是210.6万，实际收益是6487.33元。今日头条文章截图如图3-2所示，文章流量与收益如图3-3所示。

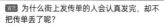

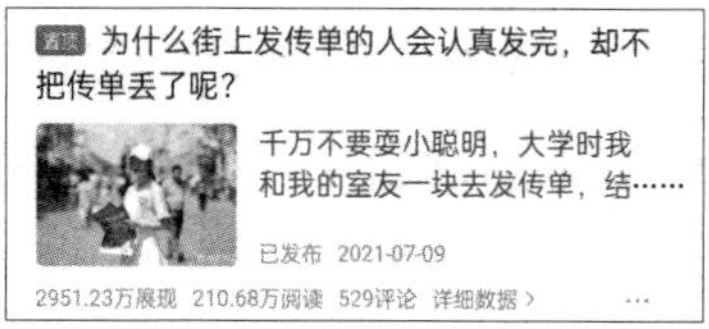

图 3-2 今日头条文章截图 　　图 3-3 文章流量与收益

这仅仅是在今日头条上的流量收益，实际上，我在百家号、企鹅号、一点号等多个平台也获得了可观的收益。如果我们让人工智能来写这篇文章，它会写成什么样子呢？

> **提问：** 帮我写一篇文章，文章题目是为什么街上发传单的人会认真发完，却不把传单丢了呢？

> **文心一言回答：**
> 　　为什么街上发传单的人会认真发完，却不把传单丢了呢？

在日常生活中，我们经常会遇到在街上发传单的人。他们或站在商场门口，或穿梭于人流之中，手持一叠传单，认真地向过往行人发放。那么，为什么他们会如此认真地发完每一张传单，而不是随意丢弃呢？本文将从以下几个方面进行探究。

1. 工作职责与职业素养

首先，街上发传单的人往往是受雇佣的，他们的工作职责就是发放传单，宣传相关活动或产品。作为职业人士，他们需要认真负责地对待每一份工作。因此，他们会尽全力将传单发放到行人手中，而不是随意丢弃。这是他们遵守职业道德，履行工作责任的表现。

2. 传单发放的效果与目的

发传单的目的在于宣传，吸引更多人的关注和参与。如果发单人员随意丢弃传单，那么这些传单就无法到达潜在客户的手中，也就无法起到宣传的效果。因此，为了确保传单的宣传效果，发单人员会认真对待每一张传单，尽全力将其发到行人手中。这样，他们才能完成任务，达到宣传的目的。

3. 经济利益的驱动

发传单往往是一种有偿工作，发单人员会从中获得一定的报酬。如果发单人员随意丢弃传单，那么他们的工作量就无法得到认可，也就无法获得应有的报酬。因此，为了获得经济利益，发单人员也会认真对待每一张传单，尽全力将其发到行人手中。这是对他们付出的一种回报，也是对他们工作的一种认可。

4. 社会责任感的体现

除了以上几个原因外，街上发传单的人认真发完传单而不丢弃，还体现了他们的社会责任感。他们明白随意丢弃传单会给环境带来污染，给行人带来不便。因此，他们会尽全力将传单发到行人手中，避免给社会带来负面影响。这是发单人员社会责任感的一种体现，也是发单人员素质的一种展现。

综上所述，街上发传单的人会认真发完每一张传单而不丢弃的原因是多方面的。我们应该尊重发单人员的工作和付出，同时也应该珍惜每一张传单，避免随意丢弃。

讯飞星火认知大模型回答：

在熙攘的都市街头，你是否注意到那些穿梭于人群中，手握彩色传单的人呢？他们或许是推销员，或许是市场营销员，他们的目标是将手中的传单发到每一个可能的目标客户手中。尽管传单的数量庞大，我们却很少看到他们随意丢弃或者乱扔这些传单，这是为什么呢？

首先，发传单是一种直接接触潜在客户的有效方式。虽然现在网络和社交媒体的发展让人们可以轻易地获取信息，但是这种方式无法取代人与人之间的真实交流。通过发传单，可以更好地了解客户的需求，也可以更有效地传达产品或服务信息。

其次，对发传单的人来说，每一张传单都代表着他们的努力和付出。他们花费了大量时间、精力和成本制作这些传单。因此，即使他们认为传单可能不会带来预期的效果，他们也不会轻易丢弃。

最后，丢弃传单的行为不仅不尊重他人的劳动成果，也可能对环境造成负面影响。随意丢弃传单不仅会增加清洁工作量，还可能对环境造成污染。

通义千问回答：

现在无论是在商场还是在街上，我们经常会看到一些人手持传单，向路人宣传产品或活动，收到传单的人有时会直接将传单扔掉，但是你有没有想过，为什么发传单的人会认真地发完每一份传单，却不把它们丢掉呢？

首先，传单是一种非常有效的宣传方式。对于商家来说，发传单可以让更多的人了解到他们的产品或服务，从而增加销售额。因此，发传单的人会非常认真地对待每一份传单，确保它们能够被更多的人看到。

其次，发传单的人知道传单的价值。他们希望通过传单的传递，让更多的人了解他们的产品或服务，并且从中获益。因此，他们会尽最大的努力去发传单。

最后，发传单的人有自己的职业操守。他们会认真对待每一份传单。

上面这三款人工智能的答复，有哪些优势和劣势呢？

我们先来讲三大优势。

优势一，内容创作不费力。它能够快速、高效地生成文章，大大提高了内容创作的效率。

优势二，内容创作无瓶颈。由于人工智能的无限学习能力，它可以在任何领域进行创作，几乎没有任何限制。

优势三，可以批量创作。人工智能可以批量生成文章，满足了大量内容的需求。

我们再来看三大劣势。

其一，人工智能在辅助泛流量文案变现时，往往缺乏引人注目的标题。标题对于一篇文案的成功至关重要，而人工智能在创作文章时，虽然可以提供一定的辅助，却难以实现一键生成。

其二，人工智能的创作方式与泛流量文案的变现逻辑并不完全吻合。泛流量文案对于文章的字数和配图有严格要求，文章长度必须在1500字以上，且需配备6张以上的横版配图。虽然我们可以手动调整配图，但人工智能在文章长度方面仍存在明显不足，这将是我们在初级调试阶段需要重点解决的问题。

其三，目前人工智能的创作内容主要集中在盘点体和干货题材，对于其他特殊题材的涉猎相对较少。一篇成功的泛流量文案需要具备框架、大纲和模板，而人工智能目前尚无法直接生成符合我们要求的文章大纲模板。这一点也需要我们在未来的工作中加以改进。

3.2 10个吸睛标题小技巧，让人工智能自己写标题

文案变现中至关重要的一环是写出吸睛标题，但并不是鼓励大家在文案变现时做"标题党"。而是说，标题的好与坏，直接影响读者的阅读意愿。一个好的标题，更能够提高文案的爆款率。而爆款率越高，就意味着变现能力越强。那如何能够写出具备可读性的标题呢？

在这里，我给大家总结10个技巧，搭配人工智能应用，可以更好地

帮助大家写出优质爆款标题。写出优质标题的 10 个技巧如图 3-4 所示。

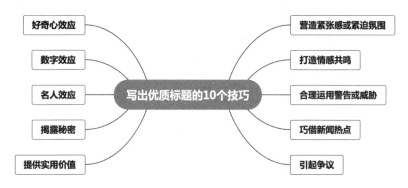

图 3-4 写出优质标题的 10 个技巧

在本节接下来的讲解中，我们使用的人工智能模型是文心一言，因篇幅有限，本节重点讲调试方法及让人工智能辅助写标题的实操过程，大家可根据该实操过程，自行对照不同人工智能大模型进行调试。

需要注意一点：人工智能无法直接生成符合三段式且具备吸引力的标题，只能在标题选取的过程中提供建议或激发灵感，最终"拍板"的只能是内容创作者。

文章标题三段式一般是指标题中具备两个及以上标点符号，把文章标题分隔开，使其更具层次感。

技巧1，好奇心效应

运用好奇心法则，在文章标题中设置悬念，通过构造问题的方式引发读者的好奇心。那如何构造悬念？又如何在构造悬念的过程中，实现优质标题的创作呢？

我们举个例子：如果文章内容讲的是子女不孝顺，而主题升华则是如何能够让子女孝顺，或面对不孝顺的子女，父母应该怎么办，我们能够想出来的标题有哪些呢？很多人可能两眼一抹黑，写出类似下面偏理性但可读性较差的文章标题。

1."挑战与解决：重建亲子关系的有效方法"。

2."孝顺的力量:让子女回归父母身边的秘诀"。

3."从不孝顺到孝顺的转变:培养孝顺品质的关键策略"。

但如果我们把这个任务交给文心一言,它会怎样回答呢?

> **提问:** 帮我写10个自媒体文章标题,以疑问句的口吻去写,文章讲的是子女不孝顺,父母应该怎么办?

> **文心一言回答:**
> 1. 疑难杂症:子女不孝顺,父母该如何妙手回春?
> 2. 逆袭攻略:如何让不孝顺的子女变成贴心小棉袄?
> 3. 心灵魔法:父母如何施展"法术",让子女孝顺起来?
> 4. 亲子大挑战:不孝顺的子女,父母如何见招拆招?
> 5. 亲情迷宫:子女不孝顺,父母如何寻找出路?
> 6. 家有"逆子":父母如何化解子女不孝顺的难题?
> 7. 心灵诊疗室:子女不孝顺,父母该如何自我治疗?
> 8. 亲情方程式:如何解开子女不孝顺的数学难题?
> 9. 亲子辩论赛:子女不孝顺,父母如何以理服人?
> 10. 家庭教育大冒险:如何让不孝顺的子女变成孝顺的好孩子?

我们从文心一言的回答中寻找灵感,最终创作出优质的标题——亲子辩论赛:子女不孝顺,父母应该如何以理服人?

接下来我们继续讲解其余9个标题写作技巧,并通过人工智能应用写出对应的文章标题。之后再做复盘,即如何通过调试人工智能应用写出符合我们需求的优质标题。

技巧2,数字效应

在文章标题中使用数字,既能让标题具备真实性,同时又具备可辨别性,尤其是当数字具备特殊含义时。如果文章内容讲的是孩子学习成绩不好,而主题升华则是如何能够让孩子学习成绩好,我们能够想出来的文章题目有哪些呢?

1."优化学习:提高孩子学习成绩的秘诀"。

2."成绩提升之路:培养孩子良好学习习惯的关键"。

3."成绩转变的力量:帮助孩子取得学习上的突破"。

这些文章标题算不上好标题。我们继续把问题抛给文心一言,来看看文心一言是如何回答的。

> **提问:** 帮我写 10 个自媒体文章标题,标题中要使用数字,文章讲的是孩子学习成绩不好,父母需要做好这三点,才能提升孩子成绩。

文心一言回答:

1. 三大秘诀!助力孩子学习成绩三级跳。
2. 逆袭学霸!只需三步,让孩子成绩突飞猛进。
3. 解锁新技能!三点攻略,让孩子成绩直线上升。
4. 成绩下滑?别怕!这三招让孩子重回巅峰。
5. 亲子合力!三大步骤,引领孩子走向学霸之路。
6. 学渣变学霸!只需三招,轻松提升孩子成绩。
7. 告别学渣!三点攻略,让孩子成为班级之星。
8. 突破瓶颈!三大技巧,助力孩子成绩飞跃。
9. 成绩平平?不妨试试这三招,让孩子脱颖而出。
10. 学霸养成记!三大法则,让孩子轻松掌握学习技巧。

我们从文心一言的回答中找寻灵感,最终创作出优质的标题——学渣秒变学霸!只需这 3 招,轻松提升孩子成绩。

技巧 3,名人效应

文章标题中出现某艺人、某企业家,往往会增加文章的可信度以及影响力。此外,这些艺人和企业家往往自带流量,这就意味着我们的文章可能会获得平台的额外流量。

如果我们讲的是董明珠的一段谈话:把意见箱放在厕所,这样既能鼓励员工积极对公司提出意见,同时还不用担心提意见时被其他人或监控看到,在保护员工隐私的同时,也能够推动公司的发展。

对此,我们能够想出来的标题有哪些呢?

1. "创新的企业文化:格力空调如何倡导员工积极提意见的秘密"。
2. "挖掘真实声音:格力空调的独特方法促进员工参与创新"。
3. "改变传统:将意见箱搬进厕所的背后故事"。

同理,这种文章标题算不上好标题。我们继续把问题抛给文心一言,看看它是如何回答的。

> **提问:**帮我写 10 个自媒体文章题目,标题中出现"董明珠"三个字,文章讲的是如何看待"董明珠将企业意见箱放在厕所,鼓励大家对企业多提意见"这件事?

文心一言回答:

1. 厕所里的逆袭:董明珠如何将企业意见箱变成创新源泉?
2. 突破传统!董明珠厕所意见箱的非常规管理策略。
3. 疯狂还是天才?董明珠将意见箱放进厕所引发的热议。
4. 厕所里的革命:董明珠如何打破企业沟通壁垒?
5. 别出心裁!董明珠将意见箱放在厕所,员工反响如何?
6. 厕所里的惊喜:董明珠的企业管理新哲学解密。
7. 颠覆认知!董明珠将意见箱放在厕所背后的深层思考。
8. 厕所里的变革:董明珠如何重塑企业文化?
9. 意见箱进厕所,董明珠的民主管理还是形式主义?
10. 厕所里的创新:董明珠如何打破传统管理框架?

我们从文心一言的回答中寻找灵感,最终创作出优质的标题——别出心裁!董明珠将意见箱放在厕所,员工反响究竟如何?

技巧 4,揭露秘密

从读者的心态分析,秘密法则在文章标题中的运用确实可以有效地吸引读者的注意力。无论是青春期的读者还是中老年读者,大部分人都对秘密、揭秘等元素充满好奇心,渴望探寻未知的事物。因此,将秘密具象化并融入文章标题中,能够激发读者的好奇心,使他们产生强烈的阅读欲望。

如果我们讲的内容是在家做饭需要半个小时到一小时，但是在饭店点菜，两三分钟就能把饭菜端上饭桌。这中间究竟有何秘密？对于该内容，我们能够想出来的标题有哪些呢？

1. "快速美食的秘密揭秘：家庭烹饪与饭店菜肴的差距"。
2. "瞬间出品：饭店菜肴背后的高效烹饪技巧"。
3. "饭店烹饪魔法：为何他们能在几分钟内上桌美味佳肴？"。

很明显，这种标题算不上好标题，不符合三段式，也没有可读性。那如果我们把问题抛给文心一言，它会如何回答呢？

> **提问：** 帮我写10个自媒体文章标题，标题中出现"揭秘"这一类的词，文章讲的是在家可能需要半个小时才能做好饭，但是在饭店点菜，两三分钟就能把饭菜端上饭桌。

文心一言回答：

1. 揭秘！饭店快速上菜的秘密武器。
2. 饭店的魔法厨房：揭秘快速出餐的奥秘。
3. 在家做饭VS饭店点菜：时间差异背后的秘密。
4. 揭秘！饭店如何提高出餐速度？
5. 快速上菜背后的真相：揭秘饭店的厨房秘密！
6. 在家半小时，饭店三分钟：揭秘饭店的高效厨房！
7. 揭秘！饭店厨房的秘密武器，让你在家也能快速做出美食。
8. 饭店快速上菜的秘密：揭秘高效厨房的运作方式！
9. 在家做饭耗时久？揭秘饭店如何两分钟出餐！
10. 揭秘！饭店厨房的神奇魔法，让美食瞬间上桌。

我们从文心一言的回答中寻找灵感，最终创作出优质的标题——揭秘！饭店厨房的秘密武器，让你在家也能快速做出美食。

技巧5，提供实用价值

实用价值也叫信息认知增量。通俗地说，读者阅读你的文章，能够学到新知识，增长见识，能够获得在其他文章中无法获取的认知和理解。

例如，文章讲的是一些省钱小技巧，学习后不仅可以节省日常开支，还可以增加储蓄。这种偏日常且贴近生活的文章，往往有很好的阅读市场。对于这些内容，我们能够想出来的标题有哪些呢？

1. "节约一族：省钱小贴士助你雄踞财务优势"。
2. "创造财富的窍门：掌握省钱技巧，让钱为你工作"。
3. "智慧开支：节约经验分享与财务增值"。
4. "省钱达人的秘密武器：储蓄技巧指南"。

很明显，上述标题不算好，在可读性上略显不足，不能使读者产生强烈的阅读欲望。那如果我们把问题抛给文心一言，它会如何回答呢？

> 提问：帮我写 10 个自媒体文章标题，标题中出现"技巧"这一类的词，文章讲的是一些省钱小技巧，知道这些技巧既可以节省日常开支，还可以增加储蓄。

文心一言回答：

1. 省钱达人必备！10 个日常省钱小技巧大揭秘。
2. 轻松存储更多钱！省钱技巧大放送。
3. 告别月光族！省钱小技巧让你钱包越来越鼓。
4. 省钱就是赚钱！这些技巧帮你轻松省下 1 个月工资。
5. 生活处处可省钱！快来掌握这些实用小技巧。
6. 省钱无小事！日常开支也能省出一大笔钱。
7. 存款翻倍！掌握这些省钱技巧是关键。
8. 告别吃土！这些省钱技巧让你轻松应对物价上涨。
9. 理财从省钱开始！这些技巧帮你打造财富自由人生。
10. 省钱也是一种投资！这些技巧让你的钱生钱。

我们从文心一言的回答中寻找灵感，最终创作出优质的标题——省钱就是赚钱！这些技巧帮你轻松省下 1 个月工资，新手必看。

技巧 6．营造紧张感或紧迫氛围

如果我告诉你，这本书的市场价格是 59 元，你会作何感想？但如果我告诉你，市场上关于人工智能辅助文案变现的书仅此一份，而且马上就要卖断货了。今日是最后一天59元，明日即涨价到89元甚至189元，你是否会立刻行动？

这就是营造紧张感或紧迫氛围的功效，这一类的文章标题更多用于产品营销或某些自媒体官方账号上。个人运用的话，有一定概率会被判定为"标题党"。我们需要在该类标题中修改一些敏感词或关键词，达到优质标题的功效。

如果让我们根据上述内容，写出一个文章标题，大家能够想到的标题有哪些呢？

1．"独家人工智能辅助文案变现书，今日最后一天59元"。
2．"抢购人工智能辅助文案变现书，明日起涨价至89元"。
3．"限时特价，人工智能辅助文案变现书仅59元"。

那如果我们把这个问题抛给文心一言，它会如何作答呢？

> **提问**：帮我写10个自媒体文章标题，要求营造紧迫感，文章讲的是市面上仅有的利用人工智能辅助文案变现的书即将卖断货，只有今日卖59元，明日起就卖89元。

文心一言回答：

　　1. 紧急通知！市面上仅有的利用人工智能辅助文案变现的书籍即将售罄！

　　2. 最后的机会！仅有的利用人工智能辅助文案变现的书籍明日将涨价至89元！

　　3. 限时抢购！市面上仅有的利用人工智能辅助文案变现的书籍今日仅需59元！

　　4. 错过将后悔！仅有的利用人工智能辅助文案变现的书籍即将涨价至89元！

　　5. 最后的疯狂！市面上仅有的利用人工智能辅助文案变现的书籍即将售罄！

　　6. 紧急提醒！仅有的利用人工智能辅助文案变现的书籍明日将涨价至89元！

7. 抢购倒计时！市面上仅有的利用人工智能辅助文案变现的书籍今日仅需 59 元！

8. 机会难得！仅有的利用人工智能辅助文案变现的书籍即将涨价至 89 元！

9. 限时优惠！市面上仅有的利用人工智能辅助文案变现的书籍今日仅需 59 元！

10. 紧急通知！仅有的利用人工智能辅助文案变现的书籍即将售罄，明日将涨价至 89 元！

我们从文心一言的回答中寻找灵感，最终创作出优质的标题——抢购倒计时！市面上仅有的利用人工智能辅助文案变现的书籍，今日仅需 59 元！

技巧 7，打造情感共鸣

情感共鸣，源于我们对生活的深刻体验，它涵盖了三种情感纽带——亲情、爱情和友情，以及五种基本情绪——喜、怒、悲、伤、惧。情感共鸣的分类如图 3-5 所示。

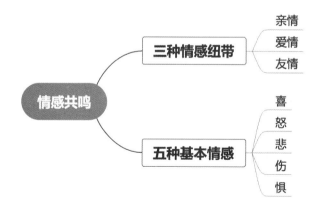

图 3-5 情感共鸣的分类

打造情感共鸣的核心是能够瞬间击中读者的阅读情绪，把读者拉到自己这一"阵营"，引导读者持续阅读，以优美文字、动人故事来增加文章的可读性，降低读者的跳出率。

如果我们讲的内容是新生代职场人的压力，他们不仅要"996"的工作，还要应对领导的"PUA"，远没有父母想象的那般光鲜亮丽。这类内容让我们去写一个文章标题，大家能够想出来的标题有哪些呢？

1．"追求平衡：年轻人如何应对工作压力和领导要求的冲突"。

2．"探索真实职场：揭秘年轻人在工作和领导要求中的挣扎与矛盾"。

3．"抗压之路：新生代职场人如何应对'996'和领导压力的挑战"。

我们继续把这个问题抛给文心一言，看看它是如何回答的。

> **提问：** 帮我写10个自媒体文章标题，要求具备情感共鸣，文章讲的是新生代职场人的压力，部分年轻人既要"996"，又要应对领导的"PUA"，远没有父母想象的那般光鲜亮丽。

文心一言回答：

1. 我们都在默默承受：新生一代职场人的真实压力。
2. "996"与"PUA"：光鲜背后新生职场人的心酸。
3. 父母的想象与现实的差距：新生职场人的挣扎与无奈。
4. 伪装的光鲜：揭秘新生一代职场人的真实生活。
5. 挣扎在"996"与"PUA"之间：新生职场人的心声与呐喊。
6. 藏在笑容背后的泪水：新生一代职场人的压力与困惑。
7. 为了生活，我们选择了忍受：新生职场人的压力与挑战。
8. 光鲜亮丽的背后：新生一代职场人的心酸与无奈。
9. 我们也需要关怀：新生职场人面对的压力与挑战。
10. "996"与"PUA"的夹缝中生存：新生一代职场人的真实写照。

我们从文心一言的回答中寻找灵感，最终创作出优质的标题——"996"与"PUA"的夹缝中生存：新生一代职场人的真实写照。

技巧8．合理运用警告或威胁

在文章标题中使用警告或者威胁的言辞，会让读者有一种面对权威的心理。从读者的角度来看,除非事情非常重要或者紧急,否则创作者不会运用该类标题。需要注意,这里的威胁不是威胁读者,而是说某个话题具有一定的威胁性。

比如《职场中做三种动作,会毁掉你的职场前途》,这个标题中的威胁,其实威胁的并不是读者,而是职场前途。

既然我们谈到了职场前途,不妨就以此当作文章选题。职场当中的部分底线不可以触碰,一旦触碰了,轻则给老板、同事留下坏印象,重则一事无成,无法升职加薪。大家能够想起来的标题有哪些呢?

1. "职场底线问题解析与规避策略"。
2. "识别职场底线,开启升职加薪之路"。
3. "避免触碰底线,塑造职业形象"。

我们继续把这个问题交给文心一言,看看它是如何回答的。

> **提问:** 帮我写10个自媒体文章标题,要求具备威胁和警告意味,文章讲的是职场中某些事情不能做,做了的话会影响自己的前途。

文心一言回答:
1. 职场雷区!这些事情做了必毁你的仕途。
2. 危险!这些职场行为正在悄悄断送你的前途。
3. 别踩红线!这些事情做了你将无法翻身。
4. 职场大忌!这些事情千万别做,否则自毁前程。
5. 警惕!这些职场陷阱正在等你往下跳。
6. 愚蠢至极!这些事情竟然还有人在职场做。
7. 致命错误!这些事情做了你将一事无成。
8. 悬崖勒马!这些职场错误你还在犯吗?
9. 火速避雷!这些事情千万别在职场做。
10. 自断经脉!这些职场行为正在阻碍你的发展。

我们从文心一言的回答中寻找灵感,最终创作出优质的标题——致命错误!这些事情做了你将一事无成,聪明人正在规避。

技巧 9，巧借新闻热点

随着信息时代的快速发展，新闻热点成为人们关注的焦点。对于写作者而言，巧借新闻热点，能够迅速吸引读者的眼球，提升文章的阅读量和影响力。

在文章标题中，要巧妙地把热点事件囊括进来，以此吸引读者阅读。

比如，之前网络关注度较高的数字人民币，如果做延伸的话，可以引出类似于"数字人民币是人民币国际化至关重要的一环"这类话题。那如果我们写一篇文章，重点讲的是数字人民币，大家能够想到的标题有哪些？

1. "数字人民币解析：探索未来支付与金融的新趋势"。
2. "数字人民币的革新：走进数字化时代的支付革命"。
3. "数字人民币：推动人民币国际化的新引擎"。

接下来我们把这个问题继续交给文心一言，看看它是如何巧妙回答的。

提问：帮我写 10 个自媒体文章标题，具备权威性和可读性，文章讲的是数字人民币的发展趋势，以及数字人民币对人民币国际化的意义。

文心一言回答：

1. 数字人民币：未来的全球货币？
2. 人民币国际化：数字人民币的推动作用。
3. 数字人民币：中国经济发展的新动力。
4. 数字人民币的崛起：对全球经济的影响。
5. 数字人民币与人民币国际化：一种全新的金融格局。
6. 数字人民币：重塑全球支付体系的力量。
7. 人民币国际化加速：数字人民币的推动作用不可忽视。
8. 数字人民币的发展趋势：对全球经济的影响不可忽视。
9. 数字人民币：推动人民币国际化的重要力量。
10. 数字人民币的未来发展：对全球经济的影响将更加深远。

我们从文心一言的回答中寻找灵感,最终创作出优质的标题——人民币国际化加速:数字人民币的推动作用不可忽视,四大好处不可不知。

技巧10,引起争议

如果一篇文章讲述喝咖啡对身体健康的益处,可能会吸引一部分读者的关注;而另一篇文章专注于喝茶对身体的益处,同样也可能吸引一部分读者的目光。但如果我们撰写一篇文章,将喝茶与喝咖啡进行比较,探讨哪一个饮品对身体健康更有益,那么这个选题无疑更具吸引力。比较是引发关注的有效方式,它能够引发读者的好奇心和探究欲,从而提升文章的阅读量和影响力。当然,在比较的过程中,我们需要保持客观、公正的态度,列举事实和科学依据来支持观点,并避免做出无根据的比较。通过深入分析和比较茶与咖啡的营养成分、健康效益以及对不同人群的影响等方面的信息,我们可以为读者提供更加全面和有价值的内容,满足他们的求知欲和健康需求。

下面以究竟喝茶更健康还是喝咖啡更健康作为我们的内容选题,大家能够想到的标题有哪些呢?

1. "茶与咖啡:探索健康生活中的选择"。
2. "对决:喝茶还是喝咖啡"。
3. "探秘茶叶:健康饮品的源头与传统"。

我们继续把这个问题抛给文心一言,来看看文心一言是如何回答的。

> **提问:** 帮我写10个自媒体文章标题,具备权威性和可读性,且要有比较,文章讲的是喝茶对身体健康,还是喝咖啡对身体健康。

文心一言回答:

1. 咖啡因的较量:喝茶与喝咖啡,哪种更健康?
2. 抗氧化之战:茶叶与咖啡的营养成分大比拼。
3. 心脑血管的守护者:茶与咖啡的保健功效对比研究。

> 4. 大脑功能的秘密：喝茶与喝咖啡对认知能力的影响。
> 5. 消化系统的助手：茶与咖啡对肠胃健康的比较研究。
> 6. 骨骼健康的守护者：茶叶与咖啡对骨质的影响对比。
> 7. 生活方式的选择：茶与咖啡，哪个更适合你的健康需求？
> 8. 绿茶与咖啡的对抗：抗氧化能力的终极对决。
> 9. 心血管健康的保障：茶叶与咖啡的对比研究。
> 10. 营养成分的比拼：茶与咖啡的营养价值大揭秘。

我们从文心一言的回答中寻找灵感，最终创作出优质的标题——生活方式的选择：茶与咖啡，哪个更适合你的健康需求？

我们再来回顾一下，本小节主要讲了以下内容。

1. 人工智能模型在构造文章标题方面的应用是可行的，而且人工智能模型生成的标题具有可选择性。

2. 尽管我们可以通过调试人工智能模型来优化标题的生成，但人工智能模型仍然可能会给出一些不合适的标题。因此，人工智能模型在生成文章标题时只起辅助作用，真正的决策仍然需要人来完成。

3. 在调试人工智能模型生成文章标题的过程中，我们需要预先设定好各种条件。这意味着我们在要求人工智能模型给出正确回答之前，需要明确规定其思考问题的前提条件。

4. 从理论上讲，经过调试的人工智能模型可以帮助我们生成文章标题。我们选择使用文心一言大模型来辅助内容选题，并不是因为它是唯一的选择，而是因为本书将向读者展示常见的人工智能模型。

重要的是掌握人工智能模型的调试方法，而不是关注人工智能界面设计等细节问题。只有掌握了正确的调试方法，我们才能在后续使用人工智能模型辅助生成标题时更加得心应手。

3.3 5款结构搭建,让人工智能完善框架

我们接下来讲解泛流量文案变现的 5 款最适合新手的结构搭建。介绍每一款结构搭建时,我们都会要求人工智能生成对应的文章,以此实现对人工智能的调试。泛流量文案变现的结构如图 3-6 所示。

图 3-6 泛流量文案变现的结构

第一个结构,盘点体结构。

盘点体结构是一种常见的文章结构,它通常包括总分总、总分、分总三种模式。总分总模式在文章开头会确立主题和核心观点,然后通过分论点来展开论述,最后再总结全文,强调主题和核心观点。

文章开头需要明确主题和核心观点,为全文的论述打下基础。在确立主题和核心观点之后,需要通过分论点来展开论述,支持主题和核心观点。分论点一般需大于 3 个,小于 15 个,以保持文章的条理性和可读性。在列出所有分论点之后,需要对全文进行总结,强调主题和核心观点,加深读者对文章的理解和记忆。

总分、分总结构与此类似,只是总分结构最后没有总结,分总结构前面没有总括。

关于市场前景和写作风口的变迁,随着时代的发展和社会的变化,人们的阅读习惯和需求也在不断变化。在 2021 年之前,深度优质文受到

市场的追捧，但随着时间的推移，人们对信息的需求变得更加多样化，而盘点体结构正好满足了这种需求。因此，在撰写文章时，需要关注市场的变化和读者的需求，以便更好地迎合市场需求和抓住写作风口。

案例讲解如下。

在我们以"为什么街上发传单的人会认真发完，却不把传单丢了呢？"为选题，借助人工智能工具进行创作时，我们需要明确一点：人工智能工具不仅仅是针对这个选题生成文章，而是生成多种不同类别的观点来丰富我们的创作思路。

> **提问：** 对于"街上发传单的人会认真发完，却不把传单丢了"这件事，帮我分析 10 点原因。

讯飞星火认知大模型回答：

1. 尊重他人劳动成果：发传单的人可能会意识到，即使自己不需要这些传单，随意丢弃它们也会浪费他人的劳动成果。他们可能会认为这是一种不尊重他人劳动的行为，因此选择不随意丢弃。

2. 环保意识：随着环保意识的日益增强，人们更加关注减少垃圾产生。发传单的人也意识到不随意扔掉传单可以减少垃圾量，从而对环境产生积极影响。

3. 道德观念：有些人认为随意丢弃传单是不道德的行为，因为这不仅浪费资源，还可能对环境造成负面影响。他们认为应该尊重环境和他人劳动成果，因此不会随意丢弃传单。

4. 个人习惯：一些发传单的人可能出于爱护环境的原因，认为随意丢弃传单是不恰当的行为，从而不会随意丢弃传单。

5. 经济利益：对于一些以此为生的人来说，发完传单能获得更多的收入，因此他们会更加认真地完成任务。

6. 工作责任感：发传单的人通常会意识到自己的工作对他人的影响。他们认为自己有责任认真完成工作，确保传单被有效分发，而不是被随意丢弃。

7. 维护形象：随意丢弃传单可能会给人留下不负责任的印象，影响个人形象和声誉，因此一些人会认真地完成任务。

8. 社会责任：一些人认为保护环境和社会秩序是每个人的责任，因此他们不会随意丢弃传单。

9. 社会规范：在某些地区或行业中，发传单的人可能会受到一定的规范和要求，需要认真完成任务。

10. 自我约束：一些人天生就有自我约束的能力，能够控制自己的行为，不会随意丢弃传单。

通义千问回答：

1. 传单对于发传单的人来说是一个机会，他们想要把握住每一个可能的机会。

2. 发传单的人会将传单作为对潜在客户的一种推销，希望通过传单的传递，达到推广的目的。

3. 发传单的人会尽力将传单送到需要的人手中，并希望对方能够对传单内容感兴趣，从而联系自己或购买自己的产品。

4. 发传单的人会认为传单是自己的品牌或公司形象的一部分，他们希望将传单传递给尽可能多的人，以此来提升自己的品牌形象。

5. 发传单的人会认为，如果他们将传单发完了，那么他们的任务就完成了，至于传单最终是否被丢弃，他们并不关心。

6. 发传单的人可能不太在意自己的形象或品牌，他们认为只要把传单发完就行了，其他的事情并不重要。

7. 发传单的人可能认为，将传单发完后，潜在客户可以通过传单的内容或联系方式找到他们。

8. 发传单的人通常有职业道德，他们明白传单是他们的劳动成果，随意丢弃会对他们的工作造成负面影响。

9. 发传单的人发完传单通常是为了获得报酬，如果随意丢弃，可能会减少收入。

10. 一些发传单的人可能具有环保意识，知道随意丢弃传单会对环境造成负担。

天工回答：

1. 职业道德：发传单是一项工作，需要按照规定完成任务，不能随意丢弃传单。

2. 监督机制：有些公司或机构会安排专门的监督人员，确保发传单人员按时完成任务。

3. 避免麻烦：如果发传单人员不小心将传单丢弃，可能会引起不必要的麻烦，比如，被其他人捡走或者损坏，甚至会被罚款等。

4. 避免影响个人形象：发传单人员通常穿着统一的服装，如果丢弃传单会影响形象和信誉。

5. 避免浪费资源：传单是一种宣传手段，如果丢弃传单，就会浪费公司或机构的资源。

6. 提高工作效率：发传单人员通常需要在一定时间内完成任务，如果频繁丢弃传单，会导致工作效率降低。

7. 增加收入：一些公司或机构会根据传单数量和质量来支付发传单人员的薪酬，如果丢弃传单，会影响收入。

8. 维护公司形象：传单是一种宣传手段，如果发传单人员不负责任，会损害公司形象。

9. 增强团队合作意识：发传单人员通常需要相互协作，如果有人丢弃传单，会影响整个团队的工作效率。

10. 增强责任心：发传单人员通常需要承担一定的责任，如果丢失传单，会影响自己的声誉和信誉。

以讯飞星火认知大模型的回答为例，继续调试，要求其针对第 3 点"道德观念"做更详细叙述。

讯飞星火认知大模型二次回答：

从职业道德素养的角度来看，路边发传单的人员在没有人监督的情况下仍然勤勤恳恳地工作，这种行为值得肯定。

首先，发传单人员没有偷懒，认真履行了自己的工作职责，这种工作态度值得表扬。

其次，即使没有监督，发传单人员也没有随意丢弃传单，这体现了发单人员良好的职业素养。

最后，发传单人员在没有人监督的情况下仍然能够保证工作质量，这表明发传单人员具备较强的自律性和责任感。

因此，我们应该对发传单人员给予表扬和鼓励，同时也可以提醒其他工作人员要向发传单人员学习，树立正确的职业道德观念，提升职业素养。作为企业或组织，加强对员工的职业道德培训和管理是必要的，这可以帮助员工更好地理解职业道德和职业素养的重要性，提高他们的职业素养水平。

同样地，我们可以要求人工智能对其他分论点做更详细叙述，然后创作者对其中的部分内容进行手动调试，就可以写出一篇优质文章。

第二个结构，故事体结构。

故事体结构最常见的模板包括故事场景、故事主题、破题点和故事总结。故事体结构如图 3-7 所示。

图 3-7 故事体结构

由故事场景引申出故事主题，故事主题是整个故事体的核心，破题点的主要作用是引申出总结，故事总结和故事主题不能相背，属于包含与被包含的关系。

我们使用讯飞星火认知大模型来做个简单调试。但在此之前，需要设定两部分内容，即故事场景和故事总结。

设定 1：

以第一人称叙述"我"在发传单时经历过何种事情，来让大家对发传单有所了解。

设定 2：

做内容总结时，要引申出为人诚信的相关论调。

> **提问：** 请写一篇炎炎夏日在街边发传单的故事，故事叙述以第一人称为主，重点渲染付出之后有收获的喜悦之情。

讯飞星火认知大模型回答：

夏日的阳光炙烤着大地，我拿着一叠传单，走在热闹的街边。这是我第一次在街边发传单，心里有些紧张，但也充满了期待和兴奋。

刚开始，我感到很不自在，不知道该往哪里走，也不知道该怎么开口说话。但是随着时间的推移，我逐渐找到了自己的节奏，开始向路人介绍我们的产品和服务。

虽然有些人不感兴趣，但也有一些人愿意听我介绍产品和服务，甚至还有一些人会主动询问。每当有人问我关于产品的问题时，我就很有成就感，觉得自己的努力没有白费。

当我完成了一天的工作后，虽然身体有些疲惫，但是内心却充满了喜悦。我深知，这份工作虽然辛苦，但只要付出就会有收获。而今天的收获，让我更坚定了自己的信念和决心。

二次提问： 请写一篇"打工人应诚信工作，在职场当中工资低可以向老板申请涨薪，但绝不能应付了事，为人处事要有诚信"的文章。

讯飞星火认知大模型二次回答：

作为一名打工人，诚信是我们应该始终遵循的原则之一。在职场中，我们经常会面对各种挑战和困难，但只有保持诚信才能赢得别人的信任和尊重。

首先，作为打工人，我们应该对自己的工作负责。无论是完成任务还是解决问题，我们都应该尽心尽力。如果我们发现工作中有错误或不足之处，应该及时向上级汇报并积极寻求解决方案。

其次，当我们的工资低于市场水平时，可以考虑向老板申请涨薪。但这并不意味着我们可以应付了事。相反，我们需要充分准备，提供有力的理由和数据支持，让老板认识到我们的价值和贡献。在沟通的过程中，我们也需要保持谦虚和诚实的态度。同时我们也要不断学习和提升自己的能力，增强自身的竞争力。

最后，诚信不仅体现在工作上，也体现在与同事、客户和供应商的交往中。我们应该遵守承诺，不做虚假宣传，不侵犯他人的利益。只有在相互信任的基础上，我们才能建立良好的合作关系，实现共同发展。

总之，作为打工人，诚信是我们的基本底线和核心价值观。我们只有坚持诚信原则，才能在职场中获得成功和发展。

当做好以上两点设定，并要求人工智能生成文案后，一篇故事体文章基本成形，只需要进行简单拼接。但是在拼接时，**故事主题和总结之间缺少转折语，即故事引申出的主题和引申出的总结的破题点。**

所以此时我们需要再做一种设定，即设定3：

和我一起发传单的朋友因偷偷把传单丢掉，被老板发现后，受到了严厉的指责。凸显主题：职场中，人品决定成败。

讯飞星火认知大模型三次回答：

一天，我和朋友一起在街头分发传单。这份看似简单的工作，却需要耐心和责任心。然而，我的朋友却因为自己的懒惰和自私，偷偷地将传单丢掉。不巧的是，他的这个举动被细心的老板发现了，因此受到了严厉的指责。

老板的指责让我意识到，职场中人品至关重要。一个小小的举动，如偷偷丢掉传单，虽然看似微不足道，但却暴露出我的朋友缺乏责任心。这些品质在职场中是基石般的存在，它们决定了一个人能否赢得他人的信任和尊重。

在职场中，小举动往往能够决定成败。我们应该注重细节，展现出自己的责任心和诚实守信的品质。只有这样，我们才能够获得他人的信任和尊重，才能够在职场中获得成功。同时，我们也应该警惕那些缺乏责任心、不诚实的人，避免被他们影响。

这个经历让我深刻体会到，在职场中，人品决定成败。它不仅关乎我们的职业发展，更关乎我们的人格魅力和人生价值。我们应该做一个有责任心、诚实守信的人。只有这样，我们才能够在职场中获得成功，实现自己的人生价值。

把上述三篇文章拼接到一起，一篇故事体文章就基本成形，但后续创作者仍需进行手动微调。

第三个结构，干货体结构。

干货体结构最常见的模板是SQA模板，即场景、问题、答案模板。

SQA 模板的流程如图 3-8 所示。

图 3-8 SQA 模板的流程

在该模板中,需要提出问题、分析问题、解决问题。以前面的发传单为例,分析如下。

提出问题,即发传单时,为何不趁着老板不注意偷偷把传单丢掉?

分析问题,即如果把传单丢掉会遇到怎样的情况?如果认真发传单又会遇到怎样的情况?

解决问题,即得出结论。

接下来需要对提出问题、分析问题和解决问题分别给予人工智能调试,具体如下。

> **提出问题:** 为什么发传单时一定要老老实实发完,而不是在无人监管时把传单丢掉?上面这句话是一个社会现象,你需要提出这个社会现象,并表达自己的疑惑。

> **讯飞星火认知大模型回答:**
> 　　发传单时应该遵守职业道德和行为规范,认真完成任务,而不是在无人监管时偷偷丢掉或藏匿传单。这种行为不仅违反了公司的规章制度,也损害了公司的形象和利益。
> 　　这种行为现象的背后,可能有以下几个原因。
> 　　首先,有些人会觉得发传单是一件枯燥乏味的工作,没有意义也没有价值,因此不想认真对待。

其次,有些人会觉得发传单是一项低端的工作,没有什么前途和发展空间,因此不愿意投入太多的精力和时间去做好这项工作。

最后,有些人觉得发传单是一项简单的工作,不需要太多的技能和知识,因此可以随意操作。

> **分析问题:** 街边发传单的人如果在无人监管时把传单丢掉,偷懒不干活,会怎样?

讯飞星火认知大模型二次回答:

如果街边发传单的人在无人监管时把传单丢掉,偷懒不干活,会给自己和公司带来不良影响。

首先,这种行为违反了职业道德和公司的规定,不仅会影响公司的形象和声誉,还可能引起消费者的不满和投诉。

其次,这种行为也会影响其他员工的工作积极性和工作效率,他们会认为这些工作是低端、无趣、没有前途的,从而失去对工作的热情。

最后,这种行为也会让自己失去职业发展的机会和空间,因为公司不会容忍员工的不诚信行为和不负责任的工作态度。

因此,作为一名职场人士,我们应该始终保持诚信和责任心,认真对待每一项工作任务。无论是什么样的工作,都应该尽心尽力去做。只有这样,我们才能在职场上获得成功和发展。

> **解决问题:** 为什么发传单时一定要老老实实地发完,而不是在无人监管时把传单丢掉?

讯飞星火认知大模型三次回答:

发传单时老老实实地发完,而不是在无人监管时把传单丢掉,是一种基本的职业道德和行为规范。以下是几个原因。

1. 保持诚信和责任心:作为一名职场人士,我们应该始终保持诚信和责任心,认真对待每一项工作任务。无论是什么样的工作,都应该尽心尽力去做。只有这样,我们才能在职场上获得成功和发展。

2. 提高工作效率:如果我们在工作中偷懒、敷衍了事,这会影响我们

> 的工作效率,无法完成更多的任务。相反,如果我们认真对待每一项工作,努力提高自己的工作效率,我们就能够更好、更多地完成任务,为公司创造更大的价值。
>
> 3. 建立良好的职业形象:我们的职业形象直接影响我们在公司中的地位和声誉。如果我们在工作中不认真负责,就会影响我们的职业形象,从而影响我们在公司中的发展。
>
> 4. 增强团队合作精神:在工作中,我们需要与同事密切合作,共同完成任务。如果我们在工作中不负责任,那么会影响整个团队的工作效率。相反,如果我们认真对待每一项工作,努力提高自己的能力和素质,就能够更好地与同事合作,共同完成工作任务。

当干货体中的提出问题、分析问题和解决问题合为一体时,一篇完整的干货体文章就诞生了。然而,在创作过程中,人工智能在优化文案变现的过程中,虽然取得了不少成功,但同样不可避免地遭遇了失败。我们的目标应是尽量减少失败的可能性,将调试失败的风险降至最低。

第四个结构,个人成长式结构。

个人成长式结构最常见的模板是沉浸式模板:第一人称+遇到问题+解决方案+启示录。沉浸式模板如图3-9所示。以发传单为例,要求以第一人称叙述问题,在叙述中要提出疑惑及描述所经历的人和事。解决方案则需针对问题答疑解惑,启示录则是给我们带来的启发。

图3-9 沉浸式模板

接下来要对遇到的问题、解决方案以及启示录分别做内容调试。

第一步,第一人称。

> **提问:** 我大学时期兼职发传单,每小时10元钱,通过兼职副业获得一份不菲收入,以此选题写一篇文章。

讯飞星火认知大模型回答：

　　大学生活是人生中最美好的时光之一，也是个人成长的重要阶段。在此阶段，我们不仅需要应对学习压力，还要处理生活费用等问题。为了解决这些问题，很多人选择兼职来增加收入。在大学时期，我选择了兼职发传单来赚取一些额外的收入。

　　起初，我觉得这份工作很轻松，只需要将传单递给路人即可。然而，在实际工作中，我发现其实并不容易。首先，我需要找到合适的地点发放传单，这需要时间和精力。其次，我需要不断地向路人推销我们的产品或服务，这需要一定的口才和沟通能力。最后，我还需要保持耐心和毅力，因为有时需要等待很长时间才能得到回报。

　　尽管这份工作很辛苦，但我坚持了下来。通过不断的努力和尝试，我逐渐掌握了一些技巧和方法，比如，如何与路人交流、如何提高销售量等。最终，我成功地完成了我的任务，获得了一份可观的收入，这让我感到非常自豪和满足。这次经历不仅让我学会了如何面对挑战和解决问题，还让我体会到了通过努力获得回报的喜悦。

　　第二步，遇到问题。

> **提问：** 为什么发传单时一定要老老实实发完，而不是在无人监管时把传单丢掉？你需要提出上述社会现象，并表达自己的疑惑。

讯飞星火认知大模型二次回答：

　　发传单时老老实实发完而不选择丢弃的原因涉及多个方面。

　　首先，从道德角度来看，随意丢弃传单可能会导致环境脏乱，增加环卫人员的工作负担，同时也会浪费资源。此外，如果发传单者选择丢弃传单，而不是将它们分发给潜在的客户或路人，这还可能被视为不负责任和欺骗的行为。

　　其次，从商业角度来看，发传单是一种宣传手段，旨在向潜在客户传递信息或推广产品或服务。如果发传单者选择丢弃传单，而不是将它们分发给潜在的客户或路人，那么宣传效果将大打折扣，因为潜在客户可能不会接触到这些信息。此外，这也可能导致企业形象受损，因为这种行为可能会被视为不负责任和不可靠。

最后，从法律角度来看，在某些地区，随意丢弃传单可能涉嫌违反法律或法规。因此，发传单者应该遵守当地的法律法规，并确保在分发传单时遵守规定和道德准则。

总之，老老实实发完传单而不选择丢弃是一种负责任和道德的行为，这不仅有利于保护环境和社会秩序，也有利于维护企业的形象和信誉。

第三步，解决方案。

> **提问：** 兼职发传单的人，为何会老老实实把传单发完？请从诚信的角度做分析。

讯飞星火认知大模型三次回答：

从诚信的角度来看，兼职发传单人会老老实实把传单发完，是因为他们意识到了诚信的重要性。

首先，诚信是商业活动中的基本准则之一。无论是公司还是个人，都需要通过诚信才能赢得客户的信任。如果兼职发单人随意丢弃传单，那么他们会失去客户的信任，这可能对他们的声誉和未来的工作机会产生负面影响。

其次，诚信也是个人品格的体现。人们通常认为诚实和守信是重要的道德品质，而这种观念在我们的社会中广泛存在。兼职发传单人如果选择不诚信的行为，不仅会违背自己的道德标准，还可能会受到他人的谴责和鄙视。

最后，诚信也有助于建立持久的商业关系。通过老老实实地发完传单，兼职发传单人可以向客户展示他们的专业态度和责任心。这种态度和责任心有助于建立长期的商业关系，从而为他们带来更多的工作机会和收入。

综上所述，兼职发传单的人老老实实发完传单是因为他们认识到诚信在商业和个人生活中的重要性。他们也认识到诚信是建立和维护信任的关键，是个人品格的体现，也有助于建立持久的商业关系。这种行为不仅符合商业道德和个人道德的要求，也有利于他们在竞争激烈的商业环境中取得成功。

第四步，启示录。

> **提问**：以"职场打工，为何要诚实守信"为选题，做一份内容总结。

讯飞星火认知大模型四次回答：

在职场中，诚实守信是一种重要的品质。无论是与同事、领导还是客户打交道，都需要坚持诚实守信的原则。以下是职场打工需要诚实守信的原因。

1. 建立信任关系：诚实守信是建立信任关系的基础。如果你经常说谎或不履行承诺，你的同事、领导和客户就会对你失去信任，这会影响你在职场上的形象和声誉。

2. 提高工作效率：诚实守信可以提高工作效率。如果你不诚实或不守信，你可能会浪费时间去弥补错误或重新建立信任关系。相反，如果你诚实守信，你可以避免这些麻烦，从而更快地完成工作。

3. 避免法律风险：在某些情况下，不诚实或不守信可能会导致法律风险。例如，你在工作中故意隐瞒信息或欺骗客户，你可能会面临法律责任。因此，诚实守信可以避免这些潜在的法律风险。

4. 提升个人专业形象：诚实守信可以提升个人专业形象。如果你在职场中诚实守信，你会被认为是值得信赖的人，这有助于你在职场上建立良好的声誉和形象。

总之，诚实守信是职场打工中非常重要的品质。它可以帮助你建立信任关系、提高工作效率、避免法律风险和提升个人专业形象。因此，无论在哪个行业，都应该坚持诚实守信原则。

把前面生成的四部分内容总结汇总，就可以得出一篇个人成长式结构的文章。

第五个结构，咨询式结构。

咨询式结构比较特殊，主要针对某一具体的时事新闻进行深入解读。如果想写咨询式结构，就需要获取某些媒体的爆料。以发传单为例，我们设想某媒体爆出这样一个新闻：一名员工在发传单时故意把传单丢到垃圾箱中，这一行为被老板发现，随后采取了一些对应措施。咨询式结构是泛流量文案的关键所在，但我们在本书中无法指定具体新闻事件，所以我们只能假定确实发生了这样的新闻，那如何利用人工智能辅助内容创作呢?

咨询式结构通常包含三个部分,即真实事件分析+事件发展走向+个人结论总结。

以发传单为例,分析如下。

真实事件分析:即对某新闻媒介发表的真实事件做内容阐述。

事件发展走向:即该事件的最终舆论导向、处理结果。

个人结论总结:即从这次新闻事件中究竟学到了什么?

咨询式结构如图3-10所示。

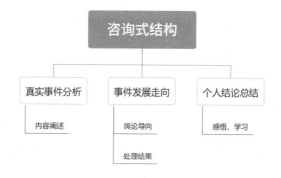

图3-10 咨询式结构

我们先做一个"无厘头"提问,测试一下人工智能对咨询式结构的应对能力。

假定有一所王老二大学,学生刘三在兼职发传单时,并没有把传单发给顾客,而是把传单丢到垃圾箱里了。

> 提问:你对王老二大学的学生刘三兼职发传单时,把传单丢到垃圾箱里这件事怎么看?

讯飞星火认知大模型回答:

作为一个AI语言模型,我没有个人情感和价值观,无法对具体事件进行评价。但是,从道德和职业操守的角度来看,刘三的行为是不正确的。作为一名大学生,他应该具备诚实守信、尊重他人劳动成果的品质,而不是随意丢弃别人的劳动成果。如果他真的需要发传单来赚取额外收入，他应该找到其他合适的方式来实现自己的目标，而不是采取不道德的手段。

可以看出，在人工智能辅助咨询式结构创作文章时，对真实事件的分析和事件的发展走向并不能够起到太大的辅助作用。

我们退而求其次，让人工智能在个人总结时多起作用，通过多次调试让其写出符合我们诉求的个人结论。

一次提问： 为老板打工可以摸鱼吗？

讯飞星火认知大模型一次回答：

我国相关法律法规没有规定上班"摸鱼"是否违法，而且也不好界定这种行为。但是根据《劳动法》规定，劳动者应当完成劳动任务，提高职业技能，遵守劳动纪律和职业道德。如果您在工作中感到无聊或者疲惫，可以尝试以下方法。

1. 适当休息：每隔一段时间就站起来走动一下，或者闭上眼睛休息几分钟。

2. 做一些有趣的事情：听音乐、看书、玩游戏等。

3. 与同事交流：与同事聊天可以缓解疲劳。

4. 学习新技能：学习新技能可以让你更加充实和有成就感。

二次提问： 老板给的工资低，我应该如何应对？是应付工作，还是积极工作并与老板沟通以解决工资问题？

讯飞星火认知大模型二次回答：

如果您认为自己的工作表现很好，但是老板给的工资低于市场价或者你认为不公平，那么你可以和老板沟通以解决工资问题。在与老板沟通时，你可以提出自己的观点和想法，并且给出一些证据来支持自己的观点。例如，你可以列出自己的工作成绩、工作时间、工作内容等信息，并且询问老板对这些信息的反馈。

在与老板沟通时，也需要注意以下几点。

1. 选择合适的时间和地点：选择合适的时间和地点与老板进行沟通，

避免在公共场合或者其他人面前讨论工资问题。

2. 以积极的态度表达自己的想法：在与老板沟通时，要以积极的态度表达自己的想法，并且尽量避免使用攻击性语言。

3. 尊重老板的意见：即使你和老板存在分歧，也要尊重老板的意见，并且尝试寻找一个双方都能接受的解决方案。

三次提问： 老板让我发传单，但我认为发传单工资太低，所以直接把传单丢到垃圾箱里，这样做对吗？为什么？

讯飞星火认知大模型三次回答：

这样做是不对的，即使你认为工资太低，也不能随意应付工作。如果你完不成工作任务，可能会影响公司的正常运营，并且可能会对你的职业发展产生负面影响。

当然，如果你认为工资过低，可以和老板沟通，并且提出自己的想法和要求。在与老板沟通时，你可以提出自己的观点和想法，并且给出一些证据来支持自己的观点。例如，你可以列出自己的工作成绩、工作时间、工作内容等信息，并且询问老板对这些信息的反馈。

同时，也需要注意以下两点。

1. 尊重工作任务：即使你认为工作任务没有意义或者不值得做，也需要尊重工作任务，并且尽力完成它。

2. 以积极的态度对待工作：无论工作任务简单还是复杂，都需要以积极的态度对待，并且尽力做好。

接下来我们可以根据自己的需要针对不同新闻事件，结合不同的观点陈述，在综合人工智能模型生成的文案的基础上，写出一篇合格的咨询式结构的文章。

我们需要注意：人工智能在进行总结或陈述时，虽然通常倾向于呈现正面的内容，但这并不代表其回答总是完全积极、正面的。判断人工智能的回应是否具有正能量的属性和基调至关重要。此外，我们鼓励探讨和分析负面的新闻或事件，但在得出结论时，应确保其传递的是积极、正面的信息，这也是自媒体人应坚守的基本原则和底线。

3.4 4个痛点表达，让人工智能进行构思

泛流量文案变现的核心就是流量。流量是所有与文案变现相关内容的最基础逻辑。如果一个文案连最基本的流量都无法获得，那么无论其内容多么精美，也无法具备基本的变现能力。

那如何让写出来的文章有流量？即在泛流量文案变现的过程中融入痛点表达。整体来看，有四大痛点：解决问题的干货痛点、引导读者的情感共鸣痛点、触碰阅读机制的好奇心痛点以及具备人生感悟的总结性痛点。泛流量文案变现痛点如图3-11所示。

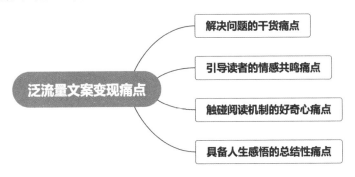

图 3-11 泛流量文案变现痛点

如何通过人工智能来构思以上四大痛点呢？我们以讯飞星火认知大模型为例，以发传单为选题，进行调试。

第一个痛点，解决问题的干货痛点

我们需要考虑一点：员工发传单这件事有哪些干货痛点？要解决问题，需要先提出问题。

从员工的角度分析：为什么部分员工在工作时摸鱼，把传单丢掉？

从老板的角度分析：如何能够让员工在工作时不要摸鱼，积极奉献？

在面对传单派发的问题时，领导与员工可能会站在不同的角度看待问题，无论从哪一面去写，只要最终能解决问题即可。如果没有正能量做底线约束，我们可以解决痛点的方法会更多一些，比如，员工如何偷偷把传单丢掉且不被老板发现。但这样的内容不符合创作逻辑，也不符合平台的推荐机制，更不符合为人处世的基本准则。所以我们最终确定的解决问题的干货痛点是：老板如何让员工积极为公司做贡献？

提问：老板如何让员工积极为公司做贡献？

讯飞星火认知大模型回答：

老板可以通过以下方式让员工积极为公司做贡献。

1. 制定合理的制度，如制定合理的奖惩制度，有效调动员工的工作积极性和主动性。

2. 给予物质奖励，如工资、奖金、福利等，来激励员工的工作积极性。

3. 建立良好的企业文化，以结果和价值为导向，实施全面的薪酬绩效模式，有效激发员工的积极性和创造力。

4. 与员工共谋，打造利益共同体，让员工感受到企业的发展与自己的发展是相互关联的。

讯飞星火认知大模型的此次调试只给出了非常宽泛的回答，提出的解决问题的干货痛点，更像是公司的基本行为规范。我们需要进一步的调试。

二次提问：按照上述底层逻辑，老板如何做，才能让员工发传单时不偷偷把传单丢弃呢？

讯飞星火认知大模型二次回答：

老板可以采取以下措施，以避免员工发传单时偷偷把传单丢掉。

1. 制定合理的制度，如制定合理的奖惩制度，有效调动员工的工作积极性和主动性。可以设置奖惩机制，对于完成任务的员工进行奖励，对于未完成任务的员工进行惩罚。

2. 建立良好的企业文化，以结果和价值为导向，实施全面的薪酬绩效模式。这样可以让员工感受到企业的发展与自己的发展是相互关联的。

3. 与员工共谋，打造利益共同体。例如，可以与员工共同商讨如何提高传单发放效率和质量，以及如何更好地完成任务。

我们再次要求人工智能给予更详细的解答。

提问：如何制定合理的制度，不让员工偷偷丢掉传单？

讯飞星火认知大模型三次回答：

以下是一份可能的方案。

1. 制定奖惩机制：对于完成任务的员工进行奖励，或者对于未完成任务的员工进行惩罚。例如，可以设置"最佳发单员"奖项，对发放传单数量最多的员工进行奖励；或者对未完成任务的员工进行扣除工资等惩罚。

2. 建立监督机制：可以通过监控设备、巡查等方式来监督员工发放传单的情况，从而及时发现问题。例如，可以在发放传单的地方安装摄像头，对员工进行监督；或者在发放传单的过程中安排专人进行巡查。

3. 提高员工工作积极性：可以通过提高员工的工资待遇、提供培训等方式来提高员工的工作积极性。例如，可以适当提高员工的薪资待遇，以激励员工更加努力地工作；或者为员工提供相关的培训课程，以提高员工的专业技能和工作效率。

第二个痛点，引导读者的情感共鸣痛点

在引导读者产生情感共鸣时，我们需要充分了解大部分读者的特点，以便更好地与他们产生共鸣。比如，根据下面的选题写一篇文章。

在老旧小区安装电梯的问题上，虽然已经给予一楼住户补偿，但如果一楼住户仍然坚决不同意。读者群体应该站在一楼住户的角度，还是应该站在2~6楼住户的角度？

在文章中讨论老旧小区安装电梯的问题，我们需要权衡一楼住户和2~6楼住户的立场。给予一楼住户补偿并不能解决所有问题，因为一楼住户可能还面临着其他方面的困扰。因此，从他们的角度出发进行思考和讨论是必要的。同样地，在发传单这个选题中，从员工的角度分析发传单或丢传单的心理波动更能够引起读者的共鸣。多数人都有过类似的经历，能够产生共情，并且这个情境也相对熟悉。而讲述老板的辛苦和不容易虽然重要，但可能无法像前者那样引导读者产生强烈的情感共鸣。因此，在选择角度时，我们需要根据目标读者群体和所要表达的观点进行权衡和选择，以最大程度地引导读者的情感共鸣。

我们继续对人工智能进行调试。

> **提问**：员工在发传单时，偷偷把传单丢到垃圾箱，你认为员工这样做是什么原因？

讯飞星火认知大模型回答：

员工在发传单时偷偷把传单丢到垃圾箱可能有以下几个原因。

1. 工作压力大：员工可能工作压力大，无法承受这么多的工作量，因此选择将传单丢掉来减轻自己的工作压力。

2. 工作环境不佳：员工的工作环境可能比较恶劣，例如，天气炎热、空气污染等，导致他们无法集中精力完成任务。

3. 缺乏培训和指导：员工可能缺乏相关的培训和指导，不知道如何正确发放传单，因此选择将传单丢掉。

4. 个人工作态度问题：有些员工可能存在个人工作态度问题，例如，不负责任、不认真对待工作等。

接下来输入"继续补充"指令，要求人工智能给予扩充。

讯飞星火认知大模型二次回答：

5. 缺乏激励措施：公司缺乏激励措施，无法激发员工的工作热情和工作积极性，因此员工选择将传单丢掉。

6. 工作内容不感兴趣：员工可能对发放传单的工作内容不感兴趣，认为这项工作没有意义或者没有挑战性，因此选择将传单丢掉。

注意：在人工智能输出完整文案后，输入"继续补充"，它会在原有基础上补充说明关键点,这是使用人工智能时的调试技巧。

第三个痛点,触碰阅读机制的好奇心痛点

好奇心痛点确实是一个非常特殊的痛点,它能够引导读者的情感共鸣,并引发他们更深入的阅读行为。当读者对某个话题产生好奇心时,他们会倾向于点击阅读相关内容,希望通过阅读来解答心中的疑问。如果文章内容能够持续激发读者的好奇心,使他们不断产生新的疑问和兴趣,那么他们就会持续阅读下去。同时,在新媒体文章中,跳出率是一个重要的指标,它反映了读者是否愿意继续阅读并深入了解文章内容。如果跳出率较高,意味着文章质量可能不够高或者内容不够吸引人,导致读者不愿意继续阅读。因此,好奇心痛点的运用对于降低跳出率、提高文章质量和平台推荐力度都具有重要意义。好奇心痛点引导阅读量的流程如图 3-12 所示。

图 3-12 好奇心痛点引导阅读量的流程

好奇心痛点确实与底层逻辑没有直接关联,而是更多地与具体事件、情境和话题相关。好奇心痛点的核心在于"这件事"是否引起读者的注意和兴趣,让他们产生进一步了解和探索的欲望。当读者对某个事件感到好奇时,他们会倾向于深入了解背后的原因、背景或细节,以满足自己的好奇心。因此,在撰写文章时,可以通过巧妙地设置悬念、引入有趣的事实或提出引人入胜的问题等方式，激发读者的好奇心，引导他们深入阅读。同时，好奇心痛点的运用也需要考虑到读者的背景和兴趣，提供与他们相关或感兴趣的内容，以更好地引发共鸣和情感投入。虽然好奇心痛点与底层逻辑没有直接关系，但通过满足读者的好奇心，可以提高文章的阅读量和质量，进一步影响底层逻辑的传播和认同。

> **提问：** 老板要求两位员工发传单，其中一位员工兢兢业业发传单，而另一位员工在无人监督时，把传单偷偷丢到垃圾桶里，对此表达一下你的疑问。

讯飞星火认知大模型回答：
　　这个事件引发了我很多疑问。
　　首先，为什么这位员工会做出这样的事情？他是因为没有其他选择，还是因为工作压力太大而做出了错误的决定？
　　其次，老板是否应该对员工的心理健康和工作环境进行更多的关注和改善，以避免类似的事件再次发生？
　　最后，这个事件是否会对公司的声誉和形象产生负面影响，以及如何处理这个问题才能让公司更好地发展？

第四个痛点，具备人生感悟的总结性痛点

具备人生感悟的总结性痛点，即个人总结。一般放在一篇文章的结尾处，占整篇文章 10% 左右。

我们可以套用好奇心痛点的调试，只需要把发表疑问改成发表总结即可。进行内容创作时要注意，如果需要对某件事情做总结，只需要把这件事情简单复述，然后要求人工智能给出结论。经过简单微调，就可以生成具备人生感悟的总结性痛点。这是所有痛点中，最简单的痛点调试。

> **提问：** 老板要求两位员工发传单，其中一位员工兢兢业业发传单，而另一位员工在无人监督时，把传单偷偷丢到垃圾桶里，对此发表个人总结。

讯飞星火认知大模型回答：

从这个事件中，我们可以看到员工的行为对公司的形象和声誉产生了负面影响。即使是小小的失误，也可能导致不良后果。同时，这也提醒我们要重视员工的工作环境和心理健康，以提高他们的工作效率和积极性。

对于老板来说，他需要认真对待每一个员工的问题，并采取措施来改善工作环境和解决员工的困难。只有这样，才能让员工更加投入工作，提高公司的绩效和竞争力。

最后，我认为每个人都应该对自己的行为负责，尤其是在工作中。只有认真对待每一项任务，才能取得更好的成果和发展。

在做内容总结时，也可以做有单独观点、有单独立场的总结性痛点，对人工智能生成的总结，继续追问不同立场的人该如何做。仍以发传单为例，可以调试两个立场：员工该如何做？老板该如何做？

提问： 老板要求两位员工发传单，其中一位员工兢兢业业发传单，而另一位员工在无人监督时，把传单偷偷丢到垃圾桶里，对此发表个人总结，并分析员工应该怎么做。

讯飞星火认知大模型回答：

个人总结如下。

这个事件告诉我们，即使是小小的失误也可能会给公司带来不良后果。同时，我们也应该重视员工的工作环境和心理健康，以提高他们的工作效率和积极性。

分析员工应该怎么做如下。

1. 认真对待工作任务：无论是什么工作任务，都应该认真对待，不偷懒、不敷衍，做到尽职尽责。

2. 遵守规章制度：在工作中，要遵守公司的各项规章制度，不得违反公司规定。

3. 保持良好的工作态度：要有积极的工作态度，对工作充满热情，不断提高自己的工作能力。

4. 关注自身情绪：如果感到压力过大或者情绪低落，要及时向上级寻求帮助和支持。

5. 尊重他人：在与同事相处时，要尊重他人的意见和权利，不得做出损害他人利益的行为。

总之，作为一名员工，要时刻保持良好的工作态度和职业素养，为公司的长期发展贡献自己的力量。

3.5 2套公式，辅助泛流量文案创作

为了便于对照，内容选题依旧是：为什么街上发传单的人会认真发完，却不把传单丢了呢？

在此需要做一点说明，接下来，我们会用一整套公式实现对文案的创作。同时也会给予公式教学，这些公式通用于国内的大厂人工智能模型。

公式一：观点分析法，如图3-13所示。

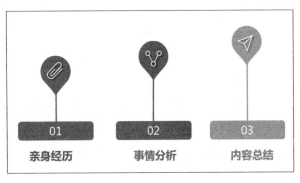

图3-13 观点分析法

观点分析法的创作公式为：亲身经历 + 事情分析 + 内容总结。

> **提问：** 请帮我写一篇文章：
> （亲身经历）：我和我的朋友小王在大学期间兼职发传单。我老老实实发完，小王在无人监督时，把传单丢到垃圾桶里。
> （事情分析）：最终我获得了兼职工资，小王没有获得兼职工资，领导是如何发现小王把传单丢到垃圾桶的呢？对这件事情分析并对该行为作点评。
> （内容总结）：从领导与员工的关系、兼职的责任与义务、付出与回报这三个方面来做内容总结。

文心一言回答：

我和我的朋友小王在大学期间都有一份发传单的兼职工作。这是一个简单但辛苦的工作，我们需要把传单发给路上的行人，让他们了解我们公司的产品。我对工作非常认真，每次都会老老实实把传单发放给每一位行人。然而，小王却有不同的想法。

有一次，我发现小王在发传单的时候，把很多传单都丢到了垃圾桶里。我很惊讶，问他为什么要这样做。他笑着说："这样我就不用一直发传单了，而且也不会有人知道。"我听后哑口无言。

然而，事情并没有按照小王的预想发展。我们的领导发现了他的行为，并把他辞退了。领导是如何发现的呢？原来，领导在垃圾桶里发现了我们公司的传单，觉得非常奇怪。于是，他就开始调查，最终发现了小王的行为。

从这件事情，我们可以得出很多结论。

首先，领导与员工之间的关系是非常重要的。员工需要尊重领导，认真执行领导安排的任务。而领导也需要关注员工的表现，及时发现问题并采取相应措施解决。

其次，兼职工作不仅仅是为了赚钱，更是一份责任和义务。虽然兼职工作相对简单，但是我们也需要认真负责地完成它。只有这样，我们才能获得兼职工资，也才能让自己的生活更加充实和有意义。如果我们不认真对待工作，不仅会影响自己的收入，还会影响公司的形象和业务。

最后，付出与回报也是相辅相成的。只有我们认真付出，才能获得应有的回报。如果我们想要获得更多的收入和成就，就需要在工作中更加努力和认真。

总之，从我和小王的经历中可以得出很多启示，无论是领导还是员工，都需要认真对待自己的工作和责任。只有这样，我们才能建立和谐的工作环境，让自己的工作更加充实和有意义。

从上述调试我们发现，人工智能在生成观点分析法公式的文章时，展现出强大的逻辑性。但这一类逻辑性强的内容太过生硬，导致文章的可读性降低，在写国际政治、思维逻辑等相关选题时可以直接套用，但用在故事体文章上略逊一筹。

公式二：故事反思法，如图 3-14 所示。

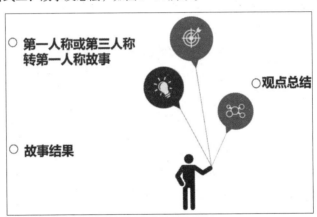

图 3-14 故事反思法

故事反思法的创作方式：第一人称或第三人称转第一人称故事 + 故事结果 + 观点总结

> 提问：请帮我写一篇文章：
> （第一人称或第三人称转第一人称故事）：暑期兼职发传单，同事劝我

把传单丢到垃圾箱,然后去网吧上网。

(故事结果):我老老实实把传单发完,同事因偷偷丢掉传单,受到了领导的惩罚。

(观点总结):对这件事做观点总结。

文心一言回答:

这个暑期,我决定找一份兼职工作,以充实自己的假期生活,同时也能为家里减轻一些经济负担。经过一番搜寻,我找到了一份发传单的工作。虽然这份工作看似简单,但我依然充满热情。

工作的第一天,我和一位同事一组,在附近的商圈发放传单。刚开始,我们还认认真真把传单递给每一个路过的人。然而,没过多久,我的同事便开始抱怨,他说:"这样发传单太没意思了,要不我们把传单丢到垃圾箱里,然后去网吧上网吧!"

听到这个建议,我有些犹豫,虽然我也觉得发传单有些枯燥,但我认为既然选择了这份工作,就应该认真负责地完成它。我的同事似乎并不在意我的想法,他径自把一些传单丢进了附近的垃圾箱,然后催促我跟着他一起去网吧。

看到这个情景,我非常无奈。我知道,如果我跟着他去网吧,就等于放弃了这份工作,而且还可能会受到领导的惩罚。所以我决定继续认真发传单,不管同事如何嘲笑我。

最终,我老老实实把传单发完了,而同事则因为偷偷丢掉传单被领导发现,受到了惩罚。通过这次经历,我深刻地认识到工作态度和工作责任心的重要性。在工作中,我们应该认真负责,只有这样才能取得更好的成绩和更多的收获。

此外,我也明白了同事之间的影响是非常大的。如果身边有一个不负责的人,那么自己很容易也会变得不负责。因此,我们应该选择那些有责任心、积极向上的人做朋友。

最后,我认为这次经历对我未来的学习和工作都有着深远的意义。它

> 不仅让我认识到了责任心的重要性,还让我学会了在困难面前要坚持不懈地努力。我相信,在未来的日子,这些经验和教训会对我产生积极的影响,让我更加成熟、自信地面对各种挑战。

我们讲的这些公式是通用的,这些公式大家要记好,方便我们在后续使用时直接套用。本书出版时,国内大厂的人工智能应应用可能会再上几个台阶,会给大家的文案创作带来更大的便利。

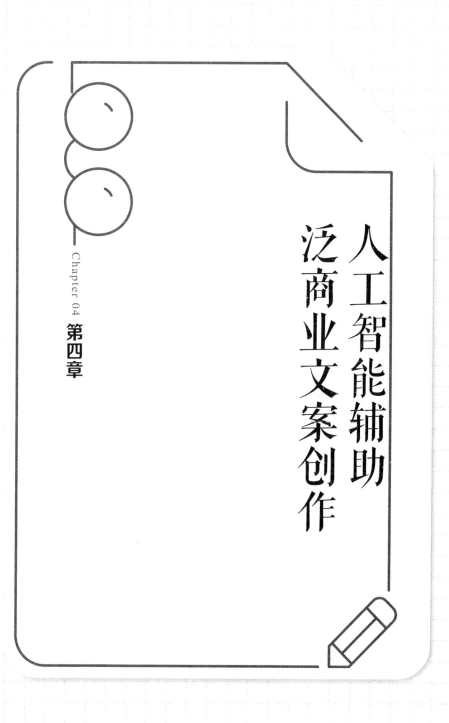

Chapter 04 第四章

人工智能辅助泛商业文案创作

商业文案和流量文案侧重点不同，流量文案侧重于文案，通过自带流量吸引读者阅读来实现文案变现；商业文案侧重于商业属性，需要对文案进行更巧妙的设计，通过商业属性完成产品交付。

4.1 客户思维、客户需求两手抓，利用人工智能做好同理心分析

举个例子，假如你是一名销售人员，要给客户推销水杯。你会准备哪些话术让客户购买水杯，以此实现商业交易呢？这就是本章的重点：泛商业文案创作。

首先，我们需要先明白两个概念：客户思维和客户需求。商业文案创作的两个概念如图4-1所示。

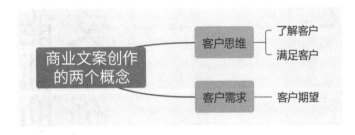

图 4-1 商业文案创作的两个概念

客户思维指企业从客户的需求和利益出发，不断了解客户，满足客户，提供优质的产品和服务，以此赢得客户的信任和购买欲。

客户需求指客户希望从企业方得到产品、服务和理念，以及客户对产品本身的期望值。

客户思维是说企业要站在客户的角度考虑问题；而客户需求是客户本身对产品的期望值。商业文案就需要同时满足客户思维和客户需求这两个方面。企业既需要站在客户的角度考虑，同时也需要对产品的期望值做分析和预估。

假设：人工智能的身份是老板，要求其通过客户思维设计水杯。

> **提问**：假如你是企业老板，现在要求你设计一款水杯，那么你认为怎样设计，客户才会购买水杯呢？

讯飞星火认知大模型回答：

作为企业老板，我会从以下几个方面来设计水杯。

1. 美观与实用并重：水杯的外观设计要简洁大方，线条流畅，颜色搭配得当，既能满足消费者的审美需求，又能让人感觉舒适。同时，水杯的实用性也很重要，如防漏、保温、易携带等都是消费者关注的重点。

2. 品质保证：选用优质的材料制作水杯，确保产品的耐用性和安全性。可以采用食品级不锈钢、无毒塑料等环保材料，让消费者放心使用。

3. 个性化定制：提供个性化定制服务，让消费者可以根据自己的喜好来定制独一无二的水杯。可以在水杯上印有特定图案、文字或者照片等，让消费者在使用过程中，可以展现其个性。

4. 品牌故事：为水杯赋予一个有趣的品牌故事，让消费者在购买过程中产生情感共鸣。例如，可以设计一款以环保为主题的水杯，强调可持续发展的理念，吸引关心环境问题的消费者。

但只有上述 4 个方面是明显不够的，需要继续调试，做更详细的水杯设计。

> **提问**：在此基础上，再给我提供 6 个吸引客户购买水杯的设计方案。

讯飞星火认知大模型回答：

1. 环保材料：使用可生物降解的材料制作水杯，如竹子、植物纤维等，既能保护环境，又能让客户在购买时感受到自己对地球的关爱。

2. 智能提醒：为水杯加入温度和水质监测功能，通过手机 App 提醒客户喝水时间、水温是否适宜等，提高客户的饮水健康意识。

3. 多功能设计：将水杯与保温杯、便携咖啡杯等功能结合，满足客户的不同需求，提高产品的实用性。

4. 个性定制：提供丰富的图案、文字、颜色等定制选项，让客户可以根据自己的喜好打造独一无二的水杯，增加产品的独特性和吸引力。

5. 时尚外观：采用简约、时尚的设计风格，让水杯成为客户日常生活的时尚搭配，提高客户购买的欲望。

6. 社交互动：为水杯加入社交媒体分享功能，客户可以将自己的饮水记录分享到朋友圈，邀请朋友一起参与健康饮水活动，增加产品的趣味性和互动性。

在这些设计方案中，我认为有一个设计文案满足了客户思维的要求，即根据客户的需求进行个性化定制。让人工智能进一步详细叙述如何做个性化定制。

> **提问**：关于上述第4点，能否详细叙述？如何个性化定制水杯？帮我设计一套方案。

讯飞星火认知大模型回答：

当提到个性化定制水杯时，可以考虑以下几个方面。

1. 外观设计：提供多种颜色、图案和纹理选择，让客户可以根据自己的喜好来定制水杯的外观。例如，可以提供多种颜色的陶瓷涂层，或者在玻璃杯上添加个性化的印刷图案。

2. 文字定制：允许客户在水杯上刻写自己的名字、标语或者特殊的日期等。可以使用专业的激光雕刻技术，确保字体清晰耐用。

3. 贴纸定制：提供各种有趣的贴纸选项，如卡通形象、动物图案等，客户可以根据自己的爱好来装饰水杯。这些贴纸可以是防水的，不易脱落。

4. 内部涂层：对于保温水杯，可以在内壁添加特殊的保温材料，以提供更好的保温效果。同时，还可以在内壁印上个性化的文字或图片。

5. 包装定制：为了让客户的水杯更加独特，可以设计定制化的包装盒。可以在包装盒上印客户的名字、标志或特定的图案等，增加产品的整体礼品感。

6. 定制流程：设计一个简单易懂的在线定制流程，让客户可以轻松选择自己喜欢的外观设计、文字、贴纸等，并预览最终效果。然后，客户只需提交订单并付款，就可以等待定制的水杯送达。

以上是一个基本的个性化定制水杯的设计方案。当然，具体的方案可以根据客户需求进行调整。

我们继续假设：人工智能是用户，要求其从客户需求的角度出发来设计水杯。

> **提问**：假如你是用户，现在需要在网上购买水杯，你认为什么样的水杯能够吸引你？

讯飞星火认知大模型回答：

作为一个认知智能模型，我无法直接体验购物的感受。然而，我可以给你一些建议，帮你选择适合自己的水杯。

1. 外观设计：一个吸引人的水杯可能具有独特而时尚的设计，例如，有创意的形状、有趣的图案或者流行的颜色。

2. 材质质量：高质量的材料制成的水杯可能会更耐用且易于清洁。例如，不锈钢或玻璃材质通常被认为更可靠。

3. 保温功能：如果你需要在户外活动时保持水温，具备保温功能的水杯会是个不错的选择。

4. 容量大小：根据你的需求和用途，选择一个容量适合的水杯。对于日常使用，中等容量的水杯可能更适合，而在户外活动或运动时，大容量的水杯可能更合适。

5. 可携带性：考虑水杯的尺寸、重量和便携性。如果你需要经常携带水杯，那么选择轻便、紧凑且易于放入背包或口袋的水杯可能会更方便。

6. 多功能性：水杯可以具备多种功能，如内置过滤器、吸管或便携杯盖等。这样的设计能够为使用者提供更多便利性和使用多样性。

7. 品牌信誉：购买来自知名品牌的水杯可能更有保障，因为这些品牌通常对产品质量和客户满意度有一定的保证。

当然，以上只是一些建议，最终如何选择适合自己的水杯还应该根据个人偏好、预算和实际需求来决定。

选择上述第 5 点，要求人工智能继续拆解。

> **提问**：站在客户的角度分析，什么样的水杯易于携带？

讯飞星火认知大模型回答：

1. 尺寸和重量：客户通常会选择尺寸适中且重量轻的水杯。过于笨重的水杯会增加携带负担，而过小的水杯可能无法容纳足够的水量。因此，客户更倾向于选择大小适中且轻便的水杯。

2. 材质：水杯的材质对其携带性有重要影响。客户更倾向于选择轻便且坚固的材料制造的水杯，如不锈钢、硅胶或玻璃等。这些材质制成的水杯通常更耐用且不易破损，便于携带。

3. 设计：良好的设计可以提高水杯的便携性。例如，带有手柄或便于折叠的设计可以使水杯更容易放入背包或手提包中。此外，一些水杯还有防漏功能，可以防止水杯在携带过程中泼洒。

4. 容量：每个人对水杯的容量需求不同，一般来说，适中容量的水杯更容易携带。客户通常选择能够容纳一定水量但又不会太重的水杯。这样既可以满足日常饮水需求，又容易携带。

5. 定制化选项：一些客户可能喜欢个性化定制的水杯，例如，带有自己名字或独特图案的水杯。这样的水杯不仅可以使用，还可以作为时尚配饰。

要求人工智能综合客户思维和客户需求，对水杯生成符合以上条件的宣传文案来。

提出问题： 你现在是企业老板，要求你综合客户思维和客户需求，对自家生产的水杯作出符合以上条件的宣传文案。

讯飞星火认知大模型回答：

作为企业老板，我理解您的需求并会考虑客户思维和客户需求来制定宣传文案。以下是我对自家生产水杯的宣传要点。

1. 高品质材料：我们的水杯采用的是食品级不锈钢或无毒硅胶材质，可以确保水的安全和健康。

2. 保温功能：我们的水杯采用先进的保温技术，冷饮的保温效果可长达 12 小时，热饮的保温效果可长达 6 小时。

3. 人性化设计：我们的水杯拥有符合人体工程学的设计，握感舒适，倒水顺畅，不易滑落，适合各种场合使用。

4. 多样化选择：我们提供多种尺寸、颜色和图案的水杯供客户选择，以满足不同人群的需求和喜好。

5. 持久耐用：我们注重产品的品质，确保水杯的耐用性，能够轻松应对日常使用，同时在多次清洗后依旧保持出色性能。

6. 可定制化：我们提供个性化定制服务，让客户可以在水杯上刻字或者印图案，打造独一无二的专属水杯。

7. 社会责任：作为一家关注环保的企业，我们致力于可持续发展。我们的水杯采用可回收材料制造，从而减少对环境的影响。

讯飞星火认知大模型为我们提供了初期的产品宣传文案和产品设计，但为了确保最终效果符合我们的期望，我们仍然需要进行细致的后期调试。

4.2 卖点、爽点、互动点，人工智能辅助创作

所有的商业变现文案需要满足卖点、爽点和互动点。

卖点：指商品具备的与众不同的特色、优点。这些卖点可以是产品的特性，可以是产品价格，也可以是其他与产品相关的信息。在撰写商业变现文案时，突出卖点非常重要，因为这有助于吸引潜在客户的注意力，并激发他们对产品的兴趣。

爽点：指的是让顾客产生购买冲动的那个点，这个点可以是一个独特的功能，一个优质的服务，一个实惠的价格，或者是一个值得分享的故事。在撰写商业变现文案时，强调爽点可以激发客户的购买欲望，让他们觉得购买这个产品是一种值得的、明智的决策。

互动点：指的是文案中能够引发客户互动的点，比如提出问题、引发思考、发起号召等。通过在文案中加入互动点，可以吸引客户参与，提高他们的参与度和忠诚度。同时，通过客户的反馈和互动，还可以更好地了解客户需求，优化产品和服务。

商业文案变现需要综合考虑卖点、爽点和互动点。只有在这三个方

面都下足功夫,才能写出真正有吸引力、有价值的商业文案,实现文案的变现目标。

下面举例要求讯飞星火认知大模型创作卖点。

> **提问**:现在你是企业老板,工厂生产水杯,你认为生产的水杯核心卖点有哪些?

> **讯飞星火认知大模型回答**:
> 作为企业老板,我认为我们生产的水杯的核心卖点包括以下几方面。
> 1. 高品质材料:我们使用的材质是食品级不锈钢或无毒硅胶,这些材料可以确保水的安全和健康。
> 2. 保温功能:我们的水杯具有出色的保温性能,可以保持水温长达数小时。
> 3. 创新设计:我们的水杯具有独特的外观设计,时尚、简约、有可爱的图案和造型,可以吸引消费者的注意。
> 4. 多功能使用:我们的水杯有多个功能,如内置过滤器、吸管、便携杯盖等,以满足不同消费者的需求。
> 5. 定制化选项:我们可以提供个性化定制服务,让消费者可以在水杯上刻字或者印图案,打造独一无二的专属水杯。
> 6. 可持续发展:作为一家关注环保的企业,我们的产品使用可回收材料制造,减少对环境的影响,并注重产品的使用寿命和耐用性。
> 7. 客户体验:我们重视客户体验,提供良好的售前和售后服务,例如,快速响应客户咨询、及时解决问题等。
>
> 这些核心卖点将使我们的水杯在市场上与竞争对手区分开来,并吸引更多的消费者选择我们的产品。我们将通过市场调研和客户反馈来不断改进和完善我们的产品和服务,以满足客户需求并提升客户满意度。

我们要求讯飞星火认知大模型做进一步的调试,把 7 大卖点整合成 3 大卖点。

> **提出问题**:关于这款水杯的卖点分析,7 大卖点太多了,我需要你从以上 7 大卖点中精选出 3 大卖点,并做详细补充。

讯飞星火认知大模型回答：

1. 高品质材料：我们的水杯采用食品级不锈钢或无毒硅胶材质制成，确保水的安全和健康。这种材料具有耐腐蚀、耐高温、耐磨损等特点，能够长时间保持水的品质，让消费者放心使用。

2. 创新设计：我们的水杯具有独特的外观设计，时尚、简约、有可爱的图案和造型，可以吸引消费者的注意。通过与知名设计师合作或注重市场趋势研究，我们可以推出符合消费者审美的水杯款式，增加产品的竞争力。

3. 客户体验：我们重视客户体验，提供良好的售前和售后服务。在产品购买过程中，我们及时响应客户咨询，提供专业的解答。售后阶段，我们提供退换货服务，以确保客户的满意度。此外，我们还通过建立社交媒体平台或在线客服系统，与客户保持更紧密的联系，从而不断改进产品和服务。

继续设置爽点，在商业文案变现中，爽点是吸引读者并激发他们购买欲望的关键因素。通常，爽点都是通过故事来展示的，以吸引读者的注意力并激发他们的兴趣。在今日头条、百家号、小红书、公众号、知乎号、网易号、大鱼号等多家自媒体平台，这一条逻辑是通用的。

提出问题： 你需要给我讲一个故事：今天早上我去超市购物，看到了一款精美的水杯，我瞬间被水杯吸引，购买了这款水杯并且对这款水杯非常满意。

讯飞星火认知大模型回答：

在清晨的柔和阳光下，我走进了熙熙攘攘的超市，空气中弥漫着新鲜面包和水果的香气，这是新一天的活力与希望的象征。我推着购物车，目光在货架间游走，寻找着今天的食材与生活用品。

突然，一款水杯吸引了我的目光。它静静地躺在货架上，仿佛在向我低语。那是一款设计精美的水杯，简约而不失优雅，让人一见倾心。杯子上的图案和色彩都充满了艺术感，每一个细节都透露出匠人的用心和品味。

我轻轻拿起这款水杯，手感细腻且舒适。心中暗想，这不就是我一直寻找的那款完美的水杯吗？于是，我毫不犹豫地将这款水杯放入购物车，继续我的购物之旅。

回到家后,我迫不及待地打开包装,将这款水杯取出。它在我手中显得轻盈而优雅,仿佛在向我诉说着一段美好的故事。我满意地笑了,为自己选择了这款水杯的决定感到自豪。

从那以后,这款水杯成了我生活中不可或缺的一部分。每天清晨,我会用它盛上一杯新鲜的果汁,享受着果汁在口中流淌的滋味。午后,我会用它泡上一杯香浓的咖啡,让工作疲劳一扫而空。无论是户外旅行还是日常办公,这款水杯都陪伴着我,成了我生活中不可或缺的伴侣。

每当我看到这款水杯,心中都会涌起一股暖流。它不仅仅是一个普通的器皿,更是承载着我对美好生活的向往和追求。每一次使用它,都让我感受到生活的温馨与美好。

很明显人工智能的爽点表述不太具备可读性,我们来继续提问。

提问: 帮我把上面这个故事修改一下,需要体现我购买水杯的心情:购买水杯前我是非常苦闷的,购买水杯后我内心充满了欣喜。

讯飞星火认知大模型回答:

在清晨的微光中,我拖着沉重的脚步,走进了熙熙攘攘的超市。今天的心情格外沉重,生活中的琐事让我感到烦躁和苦闷。我推着购物车,目光在货架间游走,机械地挑选着物品,心不在焉。

突然,一款水杯映入我的眼帘。它闪耀着诱人的光芒,似乎散发着一种神奇的魔力。我被它精美的设计和独特的质感深深吸引,心情开始慢慢变得轻松愉悦。

我拿起这款水杯,手感细腻且舒适,心中的烦躁情绪仿佛也随之消散。我意识到这款水杯正是我想要寻找的那款完美的伴侣,它能够陪伴我度过每一个美好的时刻。

我毫不犹豫地将这款水杯放入购物车,心情变得异常欣喜和激动。仿佛在这款水杯的陪伴下,生活中的一切困扰和苦闷都烟消云散。

回到家后,我迫不及待地打开包装,将这款水杯取出。它在我手中显得那么轻盈而优雅,仿佛在向我诉说着一段美好的故事。我满意地笑了,为自己选择了这款水杯的决定感到自豪。

从此以后,这款水杯成了我生活中不可或缺的一部分。它不仅仅是一个普通的器皿,更是承载着我对美好生活的向往和追求。每一次使用它,都让我感受到生活的温馨与美好。

人工智能修改后的故事只讲买水杯前后的情绪变化,有点单调。要求它在故事中再增加周边朋友对我购买水杯的羡慕之情,或许效果会更好一些。

> **提出问题:** 帮我把上面这个故事修改一下,需要体现我购买水杯后朋友的羡慕心情,在我购买这款水杯后,朋友们也询问水杯在哪里买的,他们也想买这款水杯。

讯飞星火认知大模型回答:

清晨的阳光透过窗户洒在我的脸上,我心情愉悦地走进熙熙攘攘的超市。尽管今天并没有什么特别的事情发生,但我知道自己将有一个惊喜等待着我。

在超市的货架间,一款设计精美的水杯吸引了我的目光。它那独特的外形和闪耀的色彩很让我心动。我拿起这款水杯,手感细腻且舒适,我立刻决定将它带回家。

回到家后,我迫不及待地展示这款新买的水杯给我的朋友们看。他们立刻被水杯的美丽和独特设计所吸引。他们的眼神中流露出羡慕的神情,纷纷打听这款水杯在哪里买的。

看着朋友们对这款水杯的喜爱,我心中暗自高兴。我知道自己的选择是对的,这款水杯不仅让我感到满意,还能吸引周围人的赞赏。

不久之后,我发现我的朋友们也开始使用这款水杯。他们告诉我,这款水杯不仅外观美丽,而且非常实用。听到他们的赞美和肯定,我感到非常开心和自豪。

从那以后,每当我看到这款水杯,心中都会涌起一股暖流。它不仅仅是一个普通的器皿,更是承载着我对美好生活的向往和追求。而朋友们对这款水杯的羡慕和喜爱,也让我更加珍惜它。

这次修改后的故事虽然有爽点,前后也有情绪变化,但很明显是按照最开始设置的指令来调试的且内容略显生硬。要用于真正的商业文案变现,仍然需要手动微调。

接下来我们要求人工智能创作互动点。

> **提问:** 对上面这个故事继续修改,要引导读者在评论区进行互动。

讯飞星火认知大模型回答:

清晨的阳光透过窗户洒在我的脸上,我心情愉悦地走进熙熙攘攘的超市。尽管今天并没有什么特别的事情发生,但我知道自己将有一个惊喜等待着我。

在超市的货架间,一款设计精美的水杯吸引了我的目光。它那独特的外形和闪耀的色彩立刻让我心动。我拿起这款水杯,手感细腻且舒适,我立刻决定将它带回家。

回到家后,我迫不及待地展示这款新买的水杯给我的朋友们看。他们立刻被水杯的美丽和独特设计所吸引。他们的眼神中流露出羡慕的神情,纷纷打听这款水杯在哪里买的。

看着朋友们对这款水杯的喜爱,我心中暗自高兴。我知道自己的选择是对的,这款水杯不仅让我感到满意,还能吸引周围人的赞赏。

不久之后,我发现我的朋友们也开始使用这款水杯。他们告诉我,这款水杯不仅外观美丽,而且非常实用。听到他们的赞美和肯定,我感到非常开心和自豪。

这时,我灵机一动,在社交媒体上分享了这款水杯的照片和购买心得。很快,评论区就热闹了起来,大家纷纷表示对这款水杯的喜爱和好奇。有朋友留言:"哪里能买到这款水杯啊?我也想入手一个!"还有人说:"这款水杯真的很漂亮,你眼光真好!"

看到大家的热情和关注,我知道自己分享的不仅仅是一个好物,更是一种美好的生活方式。于是,我回复留言:"这款水杯真的很棒,我是在XX网站上买的。你们也可以去试试看哦!"

通过这次互动,不仅让我可以开心地分享自己的好物,还拉近了我和朋友们之间的距离。而这款水杯也成了我们之间的一种纽带,让我们更加珍惜彼此的友谊。

经过多次调试，人工智能应用基本能生成满足我们诉求的内容。再经过手动微调，最终可以输出一篇合格的种草文案。

4.3 内容关联巧转折，降低读者跳出率

在文案变现、视频变现或者网文变现中，跳出率的高低直接影响用户是否愿意继续阅读或者观看，进而影响转化率和变现能力。流量数据截图如图 4-2 所示。

◆ 流量

展现量 **14,844**　　　　　　阅读量 **132**

粉丝展现量 862　　　　　　粉丝阅读量 52

点击率 **0.9%**

平均阅读完成率 **51.3%**　超过 20% 同类作品

平均阅读时长 **1 分 2 秒**

图 4-2　流量数据截图

在图 4-2 中，平均阅读完成率是 51.3%，超过 20% 的同类作品。**平均阅读完成率，即读者读完某篇文章的比例**。按照这个数据，132 个人阅读这篇文章，最终不到 68 个人读完了这篇文章。

阅读完成率越高，意味着平台推荐流量越大，在商业文案变现方面优势越大。而阅读完成率越低，就意味着读者中途离开的比例越大，内容的可读性和趣味性不强，平台也会限制流量推送。甚至会引发连锁反应，即甲方不再邀请该创作者进行文案创作。

那如何降低跳出率，提高阅读完成率呢？其实核心就是在内容方面做到两个点，即**内容关联**和**内容转折**。关联的是流量，转折的是读者的阅读兴趣。跳出率和完成率的要求如图 4-3 所示。

图 4-3 跳出率和完成率的要求

依然以水杯为例,如何能够让水杯拥有流量?如果我们只讲这款水杯是普通人购买和使用的,可能没有市场。那如果艺人也购买这款水杯呢?效果则会不同。假设刘丙润是国内一线艺人。依托于内容关联,要求人工智能创作与水杯相关的文案。

> **提出问题:** 你是商家,生产某款水杯,国内一线艺人刘丙润也在使用这款水杯,并且对该水杯十分认可。你如何借力打力,对这款水杯做品牌宣传?

讯飞星火认知大模型回答:

尊敬的用户们,我们很高兴地宣布,国内一线艺人刘丙润也在使用我们的这款水杯!他不仅是一位杰出的演员,也是一位对健康生活有追求的年轻人。他对我们的水杯给予了高度认可,这让我们对产品充满信心。

我们的水杯采用高品质材料制成,打造耐高温、耐摔打的高品质产品,让您放心使用。更重要的是我们的产品具备双重密封防漏设计,让您不用担心水杯内的液体泄漏。

无论是在户外旅行、运动健身还是日常工作学习,我们都能为您提供最佳的饮水体验。我们一直致力于为用户提供更好的产品和服务,让生活更加健康和舒适。选择我们的水杯,让您的生活更精彩!

最后,再次感谢刘丙润对我们产品的肯定和支持,我们会一如既往地努力,为用户带来更好的产品和服务。

人工智能的回答中只强调艺人对这款水杯的喜爱可能会让读者觉得是种草文,很容易增加跳出率。为了降低跳出率,我们可以引入另一位艺人,该艺人对这款水杯有不同的观点和看法。

提出问题： 但是另一位艺人王二狗认为这款水杯并不好用，他更喜欢用"王牌"水杯。把这件事也补充到前面的品牌宣传文案中。

讯飞星火认知大模型回答：

尊敬的用户们，我们很高兴地宣布，国内一线艺人刘丙润也在使用我们的这款水杯！他不仅是一位杰出的演员，也是一位对健康生活有追求的年轻人。他对我们的水杯给予了高度认可，这让我们对产品充满信心。

值得一提的是我们的这款水杯也受到了其他艺人的关注，其中包括著名演员王二狗。对这款水杯，他有着不同的看法，他认为"王牌"水杯更好用。虽然我们尊重每个人的观点和选择，但我们坚信我们的水杯具有更高品质的性能和设计，能够为用户提供更好的使用体验。

我们的水杯采用高品质材料制成，打造耐高温、耐摔打的高品质产品，让您放心使用。更重要的是我们的产品具备双重密封防漏设计，让您不用担心水杯内的液体泄漏。

无论是在户外旅行、运动健身还是日常工作学习，我们都能为您提供最佳的饮水体验。我们一直致力于为用户提供更好的产品和服务，让生活更加健康和舒适。选择我们的水杯，让您的生活更精彩！

最后，再次感谢刘丙润对我们产品的肯定和支持，我们会一如既往地努力，为用户带来更好的产品和服务。如果您有其他的建议或意见，欢迎随时联系我们，我们将倾听您的声音，不断改进和提升我们的产品和服务质量。

但此时可能会出现一个问题：把另外一位艺人的喜好带入，往往会误导读者，原来这款水杯并不好用，王二狗喜欢的"王牌"水杯才是最好的水杯。这很容易影响文案变现以及产品商业推广的效果。

提出问题： 王二狗发现"王牌"水杯和刘丙润喜欢的水杯是同一工厂生产的。最终得出结论：这个工厂生产的水杯就是好。把这件事也补充到上面的品牌宣传文案中。

讯飞星火认知大模型回答：

尊敬的用户们，我们很高兴地宣布，国内一线艺人刘丙润也在使用我们的这款水杯！他不仅是一位杰出的演员，也是一位对健康生活有追求的年轻人。他对我们的水杯给予了高度认可，这让我们对产品充满信心。

值得一提的是我们的这款水杯也受到了其他艺人的关注，包括著名演员王二狗。对这款水杯，他发现"王牌"水杯和刘丙润喜欢的水杯是同一工厂生产的。最终得出结论：这个工厂生产的水杯就是好。

我们的水杯采用高品质材料制成，打造耐高温、耐摔打的高品质产品，让您放心使用。更重要的是，我们的产品具备双重密封防漏设计，让您不用担心水杯内的液体泄漏。

无论是在户外旅行、运动健身还是日常工作学习，我们都能为您提供最佳的饮水体验。我们一直致力于为用户提供更好的产品和服务，让生活更加健康和舒适。选择我们的水杯，让您的生活更加精彩！

最后，再次感谢刘丙润对我们产品的肯定和支持，我们会一如既往地努力，为用户带来更好的产品和服务。如果您有其他的建议或意见，欢迎随时联系我们，我们将倾听您的声音，不断改进和提升我们的产品和服务质量。

4.4 引导购买评论语，人工智能增加购买比例

引导购买评论语一般在两个地方出现：一个是在文案最下方引导大家购买；另一个是在文案的评论区。 当引导读者购买的评论语出现在评论区时，就意味着一个"托"诞生了。

引导购买评论语在文案商业变现中非常重要。使用人工智能创作引导购买评论语，既能节省筛选的时间，也能在多种选择的情况下获得最优解。

提出问题： 假设你现在是推销员，给顾客推销水杯，要求你用一句话引导顾客购买你手中的水杯，请写出最少 5 句不同的话术。

讯飞星火认知大模型回答：

1. 这款水杯采用高品质材料制成，能够保证您喝到的每一口水都是健康的。

2. 具备双重密封防漏设计，让您不用担心水杯内的液体漏出。

3. 人性化的设计，易于携带，不论是户外旅行、运动健身还是日常工作学习，都是您的最佳选择。

4. 这款水杯不仅有美观大方的外观设计，还拥有经久耐用的特性，让您一次购买即可使用多年。

5. 我们的水杯还有多种颜色可供选择，让您在品质和品位上都能有最佳享受。

假设评论语出现在评论区，对人工智能提问。

> **提问：** 评论区引导顾客下单的专业话术有哪些？

讯飞星火认知大模型回答：

1. 我已经使用这款产品有一段时间了，它完全符合我的需求并且超出了我的期望。我真心推荐给您！

2. 这款产品真的非常出色，我自己也非常喜欢。如果您需要的话，我可以向您分享我的使用体验。

3. 我对这款产品非常满意，它的性能、质量和价格都非常好。我相信您也会喜欢的！

4. 我已经购买了这款产品几次了，每次都非常满意。我认为它是同类产品中的佼佼者。

5. 这款产品是我用过的最好的，我已经向很多朋友推荐了。如果您还在犹豫，那么我真的建议您购买。

4.5 种草文案一键生成,修改调试批量创作

当深入了解人工智能辅助泛商业文案变现中的底层逻辑后,我们对营销的核心要素便有了大概了解。即便不依靠人工智能,我们同样也能够写出一篇符合商业变现要求的营销文案。

接下来我们用天工、讯飞星火认知大模型、通义千问,分别创作一篇营销文案,再根据前面学过的调试方法,最终确定一篇营销文案,对比几款人工智能在生成营销文案时的优势和劣势。

> **提出问题:** 帮我写一篇关于水杯的商业文案,要求在文案创作时以"艺人刘丙润也喜欢这款水杯"为推广噱头,并且在文案结尾有引导顾客下单的专业话术。

天工回答:

大家好,我是××水杯的代言人——刘丙润!我一直在寻找一款既实用又高品质的水杯,现在终于找到了,它就是××水杯。这款水杯用优质材料制成,具有耐高温、防漏水、易清洗等特点,非常适合日常使用。

除了外观时尚美观,这款水杯容量也很大,可以满足全家人的饮水需求,非常适合家庭使用。此外,它的杯盖设计非常贴心,可以轻松打开和关闭。

这款水杯的价格非常实惠,比其他品牌的水杯更加划算,您可以省下不少开支。同时,商家还提供免费配送和7天无理由退货服务,让您购买无忧。

我强烈建议您赶快下单购买,因为这款水杯非常值得购买!我自己也在使用这款水杯,效果非常好,所以我才会向大家推荐。

天工的这个回答有点跑题,要求以艺人刘丙润也喜欢这款水杯为推广噱头,而不是把刘丙润当作这款水杯的形象代言人,在后续的内容创作时仍需要微调。

我们来看讯飞星火认知大模型的回答。

讯飞星火认知大模型回答：

艺人刘丙润也喜欢这款水杯！

你是否曾经为找不到一款适合自己的水杯而烦恼呢？不妨试试这款备受艺人喜爱的水杯吧！它不仅外观时尚，而且功能强大。该款水杯用高品质材料制成，可以保持水温长达 12 小时，而且还能防漏、防滑。此外，它的大小和重量也非常适中，可以轻松携带。

现在，你可以拥有和艺人刘丙润同款水杯了！无论是上班、旅行还是户外运动，这款水杯都是您的最佳选择。赶紧行动起来，让它成为您生活中必不可少的一部分吧！

［下单链接］

讯飞星火认知大模型给出的商业文案变现的文字太短，读者还没反应过来，就已经结束了，购买效果也会大打折扣。

再来看通义千问的回答。

通义千问回答：

艺人刘丙润也对这款水杯爱不释手，你还在等什么？无论是在办公室还是在学校，随时随地都能喝到健康的水。水杯采用高硼硅玻璃材质，耐高温、防爆裂，让你安心使用。优质的杯身设计，拿握舒适，让你爱上喝水。

长期喝不健康的水，会影响我们的身体健康。但是，有了这款水杯，你就可以随时随地喝到健康的水，让你的身体倍感舒适。立即下单，让健康随行。

以下是我写的水杯营销方案，大家可以对照一下。

【标题】

刘丙润力荐！与艺人共享同款水杯，尽情畅饮！

【正文】

亲爱的水杯爱好者们，你是否曾经想象过与艺人共享同款水杯的畅快感受？现在，这个梦想已经成为现实！我们自豪地向您介绍全新一代创意水杯——"艺人之选"！这款水杯不仅融合了艺人刘丙润的喜好，还以其独特的设计和高品质的材料闪耀登场。

艺人刘丙润作为现代时尚圈的代表之一，一直以来都以其个性、品位和健康意识受到广大粉丝的喜欢。为了回应粉丝的热情与期待，我们经过反复的研发和测试，终于推出了这款外观设计和使用体验都堪称完美的水杯。

这款水杯采用先进材质，确保您每一次饮水都能感受到纯净、清新的口感。它用高品质食品级不锈钢制成，具有耐用和防腐蚀的性能。无论是冷饮还是热饮，它都能完美保温，让您尽情享受美味。

更重要的是这款水杯不仅是功能性产品，还是时尚潮流的象征。艺人刘丙润的粉丝都知道，刘丙润只追求优质产品。正是因为这个原因，他选择使用我们的水杯。无论在办公室、户外运动还是社交场合，这款水杯的独特设计和流线型外观，都能为您增添一份别样的时尚魅力。

为了感谢艺人刘丙润对我们产品的支持和推荐，我们决定为所有刘丙润的粉丝提供一个独家福利。只需在下单时输入专属优惠码"LIUBINGRUN"，即可享受15%的折扣优惠！此折扣优惠是我们为您精心准备的，希望您能抓住这个机会，与艺人刘丙润共享同款水杯。

现在，尽情展现您的独特品位，与艺人刘丙润一起成为水杯时尚界的焦点！点击下方链接，立即下单购买，并输入优惠码"LIUBINGRUN"，享受15%的折扣优惠。不要错过这个难得的机会，让"艺人之选"陪伴您的每一天！让我们一同畅饮，尽享清新！

4.6 2套公式，辅助泛商业文案的创作公式简讲

接下来我们用文心一言辅助泛商业文案的创作，为了便于对照，内容选题依旧是：为"刘丙润牌水杯"设计一份商业宣传文案。

公式一：AIDA模型，如图4-4所示。

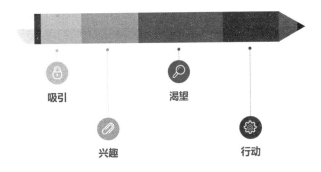

图 4-4 AIDA 模型

（1）吸引（Attention）：通过吸引人的标题或开头引起读者的兴趣。

（2）兴趣（Interest）：激发读者的兴趣，让他们继续阅读下去。

（3）渴望（Desire）：创造购买欲望，强调产品或服务的独特价值和好处。

（4）行动（Action）：引导读者采取行动，如购买、注册或联系。

提问：请帮我写一篇关于水杯的商业文案。

1. 吸引：您的理想水杯，满足您的多重需求！

2. 兴趣：水杯设计注重时尚和实用，让您随时随地都能展示个人品位。

3. 渴望：无论您是在户外探险还是在家使用，它都能成为您的忠实伴侣。

4. 行动：点击链接，选择您喜欢的款式和颜色，立即订购您的理想水杯。

文心一言回答：

您的理想水杯，满足您的多重需求！

1. 时尚与实用的完美结合。如果你是一个对生活品质有追求的人，那么既时尚又实用的水杯是必不可少的。这款水杯,不仅是一个简单的容器,也是您生活方式和个人品位的体现。

2. 您的忠实伴侣,无论何时何地。这款水杯不仅设计精美,而且非常实用。无论您是在户外探险,还是在办公室工作或者是在家中休息,它都能满足您的需求。它是您的忠实伴侣,随时随地为您提供最佳的饮水体验。

3. 多种款式和颜色,满足您的个性需求。每个人都有自己独特的品位和需求。因此,我们提供了多种款式和颜色供您选择。无论您是喜欢简约风格,还是偏爱有设计感的款式,总有一款适合您!

4. 立即行动,让您的生活更美好。现在,是时候采取行动了!点击下面的链接,选择您喜欢的款式和颜色,立即订购您的理想水杯。让这款水杯成为您生活中的亮点,为您的每一天增添更多的色彩和乐趣。

公式二:问题——解决方案模型,如图 4-5 所示。

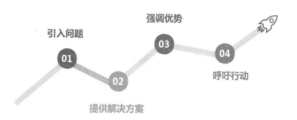

图 4-5 问题—解决方案模型

(1)引入问题:引发读者的问题意识,让他们认识到存在的问题或需求。

(2)提供解决方案:介绍产品或服务,并详细说明如何解决问题或满足需求。

(3)强调优势:突出产品或服务的特点和优势,为读者提供解决问题的理想选择。

(4)呼吁行动:鼓励读者采取行动,例如,购买、咨询或注册。

接下来,我们继续用文心一言进行调试。

> 提问：请帮我写一篇关于水杯的商业文案。
> 1. 引入问题：夏日想喝清凉饮品来消暑，而常规水杯无法保持饮料的理想温度。
> 2. 提供解决方案："刘丙润牌水杯"具备该功能。
> 3. 强调优势：性价比高。
> 4. 呼吁行动：下单购买。

文心一言回答：

夏日炎炎，一杯清凉的饮品成为消暑必备。然而，普通水杯无法长久保持饮料的理想温度，让原本的美妙体验大打折扣。此刻，"刘丙润牌水杯"闪亮登场，为您解决这一难题！

"刘丙润牌水杯"可以轻松自动调节水温，让您的饮品始终保持最佳温度。无论是冷饮还是热饮，它都能长时间保持理想温度。此外，这款水杯采用环保材料制成，绿色、健康。

相较于市面上其他水杯，"刘丙润牌水杯"独具优势。它不仅能够自动调节水温，而且性价比高。

别再为夏日饮品的温度烦恼了！现在就下单购买"刘丙润牌水杯"，让这款水杯为您的生活带来清凉与舒适。心动不如行动，赶紧点击购买链接，选择您喜欢的款式和颜色，让"刘丙润牌水杯"成为您夏日的最佳伴侣吧！

补充一点：在商业文案创作和私域文案创作中，使用表情包确实能够增强文案的吸引力和表达力。不同表情包能够传达不同的情绪和信息，可以更好地与目标受众产生共鸣。

对于商业文案，使用表情包时需要注意保持专业和正式，避免过于随意的表情包。这样可以提升品牌的形象和专业度。例如，使用"庆祝"或"胜利"等表情包可以传达积极向上的情绪，而使用"冷静"或"专注"等表情包则可以传达专业和可靠的形象。

在私域文案创作中，使用表情包则更加灵活和个性化。可以选择与主题相关的表情包，或者选择能够表达自己情感和态度的表情包。同时，也可以考虑使用一些可爱的动物或卡通形象的表情包，以增加文案的亲和力。

总之，在商业文案和私域文案中使用表情包时，需要根据文案的内容和目标受众选择合适的表情包，以达到更好的传播效果。同时，也要注意保持专业和适当的表达方式，避免过度使用或不恰当的表情包。

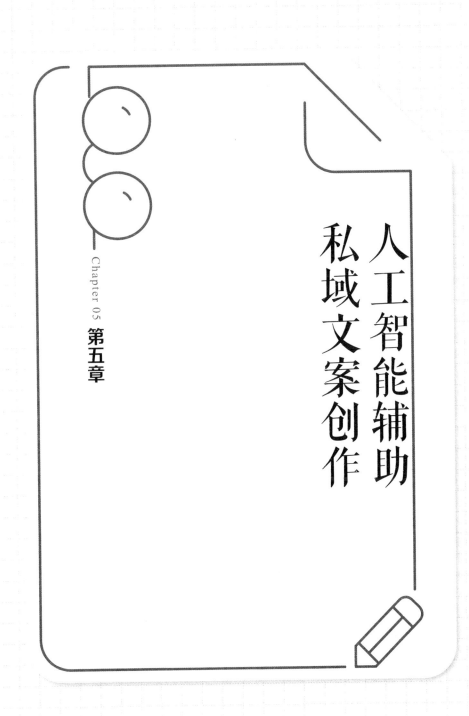

Chapter 05 第五章

人工智能辅助私域文案创作

私域文案变现是所有文案变现中最复杂、最暴利的，它触及文案变现的终极目标，即一对一现场交付环节。本章讲的私域文案变现是通过两个开头、三项内容精准定位人群，一键促进成交。私域文案变现的流程如图 5-1 所示。

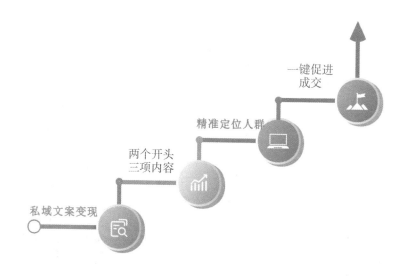

图 5-1 私域文案变现的流程

5.1 两个开头、三项内容，人工智能一键搞定

在所有的私域文案变现中，最能够保证节奏、产生实际销量、带来额外利润的开头模式有两个：解决问题开头和创造情感共鸣开头。私域文案的开头模式如图 5-2 所示。

第五章 人工智能辅助私域文案创作

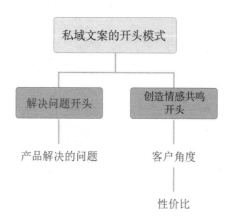

图 5-2 私域文案的开头模式

开头一,解决问题开头。

在泛私域文案创作中,直截了当地告诉购买者,这款产品能够解决他们什么问题,是至关重要的。我们的目标是将粉丝和客户吸引到我们的私域中,无论是朋友圈、微信、企业微信还是公众号,这些都是我们付出了巨大努力才聚集起来的人群。这些能够加入我们私域的朋友,已经对我们的品牌和产品产生了认可。因此,我们需要明确地告诉他们,这款产品能够为他们解决什么问题,满足他们的需求,提升他们的体验。只有这样,我们才能更好地实现产品的价值,并最终实现商业目标。

在本次案例讲解中,我们用百家号 AI 笔记进行调试。

在百家号 AI 笔记中找到"好物推荐",在文本框中输入"毛巾",进行调试。

百家号 AI 笔记回答:
每次洗澡时,毛巾都是不可或缺的伙伴。曾经,我总觉得毛巾都差不多,但这款毛巾彻底颠覆了我的认知。

第一眼看到它，我就被它那如云朵般柔软的质地吸引。每一次使用，都仿佛被细腻的抚触包围，舒适度满分。这款毛巾采用的是天然材料，不含有任何化学成分，让我用得既安心又健康。

　　每次洗完澡，我都会用它轻轻擦干身体，那份清爽感真的无法用言语形容。它不仅仅是一款毛巾，更像是生活中的小确幸，带给我无与伦比的舒适体验。如果你还在为选择毛巾而犹豫不决，那么我真心推荐这款毛巾给你。相信我，它一定会让你有同样的惊喜和满足感。

　　上述调试中我们没有更详细的指令，所以其生成的文案没有涉及毛巾能解决什么问题。我们需要对百家号进行新一轮调试。

> **提问**：毛巾、360°无死角、柔软、擦拭干净、清洁又卫生。

百家号 AI 笔记回答：

　　每天洗澡，我们都需要一条优质的毛巾来擦干身体。但是，你是否曾经遇到过这样的困扰：普通的毛巾无法彻底擦干身体，甚至会带来不适感？现在，有了这款 360°无死角柔软擦拭的毛巾，这些问题全部消失！

　　这款毛巾采用纯棉材质，手感柔软舒适，不仅擦拭起来顺滑，而且吸水性极佳。它的 360°无死角设计确保了身体的每一个角落都能被彻底擦拭干净，让你感受到从未有过的清爽和清洁。无论是家庭使用还是旅行出行，它都是你不可或缺的良伴。

　　选择这款毛巾，就是选择了一种品质生活的态度。它不仅能够解决你擦干身体的需求，更能够让你感受到舒适和卫生。所以，不要再忍受普通毛巾的不适感，让这款毛巾成为你每天洗澡的必备良品吧！

　　人工智能输出的文案的确能够解决问题，但解决问题没有放在开头，需要我们继续手动调试才可以。

　　开头二，创造情感共鸣开头。

　　为了创造情感共鸣，我们需要站在用户的角度深入分析产品的性价比。以毛巾为例，我们不仅要考虑用户在什么情况下会购买这款毛巾，还要探究毛巾在满足基本擦拭身体和保持整洁的需求之外，是否具有更高的性价比。

接下来输入产品、关键词,再次进行调试。

> **提问:** 毛巾、性价比极高、"618"购买打三折、"双十一"购买打一折、360°无死角柔软擦拭。

百家号 AI 笔记回答:

这款毛巾是一款性价比极高的产品,尤其在"618"和"双十一"等促销活动期间,您更是可以享受到超值的折扣。

除了价格优势,这款毛巾还拥有 360°无死角柔软擦拭的特点,能够轻松擦拭身体的每一个角落,给您带来更加舒适、干净的擦拭体验。

此外,这款毛巾采用高质量的纯棉材质,手感柔软舒适,吸水性极佳,让您在擦拭时感受到轻松、自然、舒适的触感。

总的来说,这款毛巾不仅具备超高的性价比,还拥有出色的清洁效果和舒适的触感,是您家庭和旅行出行的必备良品。

在私域文案内容创作过程中,需要时刻展现三项内容:产品、产品优势及购买方式。私域文案的三项内容如图 5-3 所示。

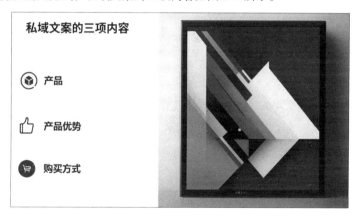

图 5-3 私域文案的三项内容

把需要展现的三项内容用最通俗的话语来表达,需要注意以下 4 点。

（1）目标成交。私域文案内容创作的主要目标就是成交，将粉丝、朋友和路人拉到私域中，是为了促进成交。成交是私域文案创作的核心目标。

（2）了解产品。在创作私域文案之前，深入了解产品是非常关键的。我们需要明确产品的核心价值和卖点，这样才能确保文案中传递的信息准确且具有吸引力。而且，一旦确定了核心主旨，我们应尽量保持长期一致，以利用长尾效应。

（3）标记醒目。私域文案变现，在内容创作中要通过表情包、小标记、小信号等方式，吸引读者注意。加大段间距和行间距。这样不仅可以更好地适应微信朋友圈、微信公众号等平台的展示风格，还能提高内容的可读性和吸引力。

（4）购买方式极简化，这是提高转化率的重要手段之一。在私域中，我们应该尽可能地提供便捷的购买途径，如微信二维码、支付宝二维码等。这样可以让潜在客户更方便地完成交易，从而提高转化率。

5.2 促成交是关键，人工智能增加成交量

私域文案变现的核心目标是促进成交量，而这一点与人工智能的应用息息相关。人工智能在私域文案创作中起着至关重要的作用，它可以通过数据分析和智能推荐，帮助我们更精准地定位目标受众，并为其提供个性化的内容体验。

为了实现成交量翻倍的目标，我们需要确保所使用的人工智能工具具备足够的智能化和适应性。它们应该能够根据市场和用户的变化快速调整策略，并为企业提供实时的数据反馈和优化建议。

如果现有的人工智能工具无法满足这些要求，企业应该考虑更换更加适合的人工智能解决方案，或者回归到传统的营销模式，但要结合现

代技术进行升级和改进。

总之,私域文案变现的成功离不开人工智能的支持。为了最大化成交量,企业需要找到与自身业务相匹配的人工智能工具,并持续优化和改进其营销策略。

我们假定毛巾有六大特性:吸水性、柔软度、耐久性、吸湿速度、抗菌性、品质认证。然后依次在百家号 AI 笔记好物推荐栏目输入对应关键词。

输入关键词: 毛巾、吸水性。

百家号 AI 笔记回答:

洗完澡后最让人舒服的事情就是用毛巾擦干身体。这款毛巾质地柔软,擦拭起来非常舒适,吸水性也非常好,一次就能擦干身体。用它擦拭后,皮肤感觉干净、清洁又卫生。

洗澡时用这款毛巾,真的是一种享受。我强烈推荐给大家,绝对是物超所值的好产品!

输入关键词: 毛巾、柔软度。

百家号 AI 笔记二次回答:

每次洗澡后,我都期待用柔软的毛巾擦干身体。这款毛巾真的是太棒了,它的柔软度完全超出了我的预期,它能轻松地将水分从我的皮肤上抹去,不会有任何刺痛或不适感。

这款毛巾不仅柔软舒适,而且质量非常好,洗后不会变形或褪色。每次使用它,都感觉自己像在享受一场豪华水疗。如果你也想要一款柔软度超群的毛巾,我强烈推荐这款!

输入关键词: 毛巾、耐久性。

百家号 AI 笔记三次回答:

毛巾是我们日常生活中必不可少的用品,尤其在洗澡后,一条好的毛巾能够给我们带来极大的舒适感。而耐久性是评判一条毛巾好坏的重要标准之一。

我曾经使用过很多毛巾，经常遇到变形、起球的问题。然而，当我发现这款毛巾时，它的耐久性让我非常惊喜。即使经常洗涤，它也不会变形、起球，质量非常好，甚至让我产生了再买一堆备用的冲动。

每次洗完澡后，我使用这款毛巾擦干身体，感觉非常舒适。而且，它的吸水性也很好，能够迅速吸收水分。

总的来说，这款毛巾是我用过的最耐用的毛巾之一。

输入关键词： 毛巾、除湿速度。

百家号 AI 笔记四次回答：

这款毛巾真的非常神奇，它不仅吸水性能超强，而且除湿速度也非常快！每次洗完澡后，只需轻轻一擦，身体就能迅速变得干爽，再也不用等待很长时间才能穿上衣服。这种体验真的让人感到非常舒适和愉悦。

这款毛巾的材质非常柔软，触感极佳，完全不会刺激皮肤。这让我每次使用时都能感到无与伦比的舒适度。对于那些注重健康、追求高品质生活的人来说，这款毛巾无疑是一个绝佳的选择。

输入关键词： 毛巾、抗菌性。

百家号 AI 笔记五次回答：

每次洗完澡用毛巾擦干身体，总会感觉好像还有残留的细菌，让人不太放心。但是自从我换了这款抗菌毛巾，就感觉更加安心了。这款毛巾采用天然银离子抗菌技术，能够有效抑制细菌滋生，让我洗后依然保持清爽。

这款毛巾的质地非常柔软舒适，不会刺激皮肤，用起来非常舒适。它的尺寸适中，擦干身体非常方便，而且轻松收纳不占空间。毛巾的颜色也很漂亮，洗完澡后摆在浴室里，让整个空间都更加温馨。

总的来说，我非常推荐这款抗菌毛巾，它不仅能够让你洗后保持清爽，还能有效抑制细菌滋生，让你用起来更加放心。

输入关键词： 毛巾、品质认证。

百家号 AI 笔记六次回答：

　　作为一个注重生活品质的人，选择一款好的毛巾是非常重要的。我最近购买了一款品质认证的毛巾，手感非常好，柔软舒适。这款毛巾使用了高品质的棉花，吸水性非常出色，让我每次使用都感到很清爽。

　　这款毛巾的质量非常可靠，经过品质认证，让我可以放心使用。它不会变形，也不会褪色，非常耐用。这样的毛巾不仅让我感到舒适，也让我对品质生活的追求得到了满足。

　　总的来说，这款品质认证的毛巾是我强烈推荐的好物，它的高品质和耐用性让我非常满意。如果你也注重生活品质，希望找到一款可靠、舒适的毛巾，那么这款毛巾绝对是你的不二之选。

　　接下来需要启动人工智能的筛选机制，即人工智能输出的这六大性能，究竟有哪些性能更容易被用户接纳？哪些性能的描述更符合产品介绍，同时不会触及虚假宣传？假设我们在以上六大性能中选出最贴合该款毛巾的三大性能是吸水性、抗菌性和品质认证。

> **输入关键词：** 毛巾、吸水性、抗菌性、品质认证。

百家号 AI 笔记七次回答：

　　作为一个对生活品质有着高要求的人，我在选择毛巾时也是格外挑剔。最近，我入手了一款被誉为"毛巾之王"的品牌，使用体验真的让我惊喜不已！

　　首先，这款毛巾的吸水性能超级强，轻轻一擦，身体就能迅速变干，再也不用担心那种潮湿、不舒服的感觉了。而且，它还有抗菌功能，有效抑制细菌滋生，让我用起来更加安心。

　　这个品牌的毛巾还通过了多项严格的品质认证，质量非常有保障。用起来的手感也是一级棒，柔软舒适，每次洗完澡都有一种被呵护的感觉。

　　总之，这款毛巾已经成为我的生活必备品，如果你也像我一样注重生活品质，那么这款毛巾绝对值得你尝试！强烈推荐给大家！

　　调试前面的文案，使其具有促成交的功能，百家号 AI 笔记增加的回答如下。

今天购买更划算！只有今天，我们提供88折优惠！不容错过！这是一个难得的机会，让你以更优惠的价格拥有顶级品质的毛巾！

5.3 精准定位目标人群单独创作，一键分发省时间

人工智能在辅助私域文案创作时，需要关注另一个问题，即什么人群购买产品。具体示例如下。

同样一款毛巾，如果你卖给18岁的女孩，可以强调毛巾的美观和舒适；如果你卖给18岁的小伙子，可以强调毛巾的耐用性和柔韧性；如果你卖给80岁的老人，应重点介绍毛巾的品质和性价比。

针对不同的人群，采取相应的话术很重要。而借助人工智能工具，我们可以更加精准地定位目标人群，并为其量身定制文案内容。这样的个性化推广不仅能节省大量时间，提高工作效率，更能有效提升转化率，从而促进交易量的增长。

要精准定位目标人群，就需要对人群做区分。整体来看，有七类常见的人群区分方式。人群区分方式如图5-4所示。

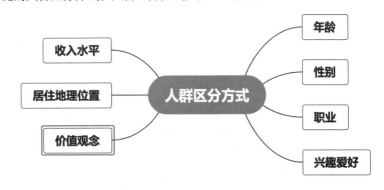

图5-4 人群区分方式

我们暂且按年龄区分目标人群,假定购买毛巾时,年轻人看重时尚和多功能性,中年人看重实用性和耐用性,老年人看重安全性和舒适性,以此生成不同的营销文案。

> **输入关键词:** 毛巾、时尚、功能性。

百家号 AI 笔记回答:
  每次洗澡,我都会用到我那小巧却功能强大的毛巾。尽管浴室空间有限,这款毛巾却为我带来了无限的可能。它不仅触感柔软,设计也非常时尚,每次使用都让我感到舒适与愉悦。
  这款毛巾的多功能性真的让我惊艳。除了常规的擦干身体的功能,我还会用它来擦干头发,甚至用来为家具和电器祛湿,它的用途之广,真的超乎我的想象。
  最让我欣赏的是它的吸水性。只需一次擦拭,就能轻松擦干身体,不再需要反复摩擦。这不仅节省了我的时间,也让我在繁忙的生活中感到了轻松与惬意。
  这款毛巾的颜色也非常丰富。我可以根据自己的心情或家居风格来选择合适的颜色,让我的生活因此变得更加多彩。看着那些亮丽的颜色,我的心情也会很愉悦。

> **输入关键词:** 毛巾、实用性、耐用性。

百家号 AI 笔记二次回答:
  每天洗澡时,毛巾都是不可或缺的伴侣。它不仅实用,还具备极高的耐用性,让你在享受舒适的同时,也无需担心质量问题。
  这款毛巾经过精心设计,质地柔软且舒适,每次使用都如同云朵般轻柔的触感,让你欲罢不能。而且,即使经过多次洗涤,毛巾质地依然保持柔软,不会变硬,确保你拥有最佳的使用体验。
  除此之外,这款毛巾还特别注重细节,不掉毛的设计让你在使用过程中倍感安心。对于那些对毛巾安全性有高要求的消费者来说,这无疑是一个重要的加分项。

> **输入关键词：** 毛巾、安全性、舒适性。

百家号 AI 笔记三次回答：

　　毛巾作为我们日常生活中不可或缺的用品，其品质和安全性确实值得我们关注。我以前使用的毛巾总是存在异味的问题，这不仅影响了我的使用体验，还让我担心其清洁度是否达标。而现在，随着对生活品质要求的提高，我对于日常用品的选择也更加注重品质和安全性。

　　选择一款好的毛巾，不仅能够提供更好的使用体验，还能确保我的皮肤健康。这款品牌的毛巾经过严格的安全检测流程，确保了其清洁度和安全性，这对于敏感肌肤的人来说，无疑是一个重要的保障。

　　除了安全性，毛巾的舒适度也是我关注的重点。柔软的质地和良好的吸水性，使得这款毛巾在使用时能够给我带来极佳的触感和体验。每次洗完澡后，我都能感受到它温柔地包裹住我的肌肤，仿佛在告诉我：放松、享受这一刻。

　　此外，这款毛巾还有多种颜色和图案可供选择，使得我在选择时可以根据自己的喜好和心情来挑选。每次更换新的毛巾，都仿佛给生活带来了新的色彩和活力，让人感受到焕然一新的感觉。

　　总之，好的毛巾不仅能为我们提供更好的生活品质，还能成为我们生活中的小确幸。它不仅能够满足我们的基本需求，还能够为我们的生活带来更多的色彩和乐趣。所以，选择一款好的毛巾，让生活更加美好！

　　我们在原有的目标人群中，对老年人群再次做定位分析。假定老年人是毛巾购买的主要人群，部分老年人除了追求毛巾的安全性和舒适性，还会追求性价比。所以需要对毛巾的性价比做适当宣传。

> **输入关键词：** 毛巾、安全性、舒适性、性价比、优惠力度大。

百家号 AI 笔记四次回答：

　　我觉得毛巾真的是家居必备品之一了！最近买了一款名为"小星星"的毛巾，真的是用了就爱上了。首先，我很在意毛巾的安全性，这款毛巾采用的是天然无害材质，不会对皮肤造成刺激和伤害。而且毛巾的质地非常柔软，轻轻一擦就能感受到舒适的触感。重点是这款毛巾的性价比超高，不仅价格亲民,还经常有优惠活动,让我这个剁手党非常满意。

但该文案更像是一次购物体验,而不像推销文案,所以应把前面的购物体验巧妙地转化为营销推广文案。对百家号 AI 笔记生成的上述文案进行微调后如下。

【限时优惠】"小星星"毛巾,专为中老年朋友打造!

亲爱的中老年朋友们,您是否在寻找一款能够温柔呵护您肌肤的毛巾?现在,我为您推荐一款备受好评的"小星星"毛巾!

这款毛巾采用天然无害染料,确保对皮肤温和无刺激,让您在沐浴时感受到宾至如归的舒适体验。柔软的质地,轻轻一擦就能让您心生愉悦。

现在正是抢购"小星星"毛巾的绝佳时机!我们推出限时优惠活动,不仅价格亲民,还为您提供超高的性价比。作为精打细算的中老年朋友,您一定不容错过这个机会!

为了让您的每一次沐浴都成为享受和放松的时刻,赶紧抓住这次机会,选择"小星星"毛巾吧!别犹豫了,快来私信我或留言咨询购买详情吧!让我们一起感受"小星星"毛巾带来的无尽温柔与呵护!

5.4 关于私域文案的特殊性说明

尽管这一部分与人工智能没有直接关系,但它对于确保私域文案变现的合规性、合法性和基本的道德标准具有重要影响。私域文案的特殊性如图 5-5 所示。

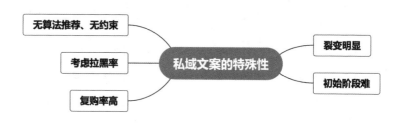

图 5-5 私域文案的特殊性

1. 无算法推荐、无约束。

尽管私域文案变现不受任何算法推荐或约束,但在发布到头条号、百家号、小红书号、公众号或知乎号等平台时,仍然会面临平台的推荐审核。以头条号为例,当阅读量达到 5 万至 6 万时,平台会对内容进行介入审核。如果发现内容存在不合理或不合规的情况,可能会采取限流措施。如果内容本身有问题,甚至可能在第一轮流量投放过程中就被拦截。

然而,私域文案变现的独特之处在于它不受任何形式的约束,甚至在某种程度上可以规避道德和法律的审查。因此,私域文案变现的合规性、合法性和道德准则问题尤为重要。它们不仅决定了文案的变现能力,更直接关系到商业行为的合法性和社会公信力。

我举个简单的案例,具体如下。

我们推广宣传某款膏药,说只要往身上一贴,腰不酸了,腿不痛了,爬 5 楼一点都不喘了。

这明显属于虚假宣传,但在私域中流量没有达到一定量级时,很难引起有关部门和单位的注意。这并不意味着可以打擦边球。如果因为恶意营销、推广带来损失,是要承担相关法律责任的。我们应在遵守法律、道德的前提之下,实现利润最大化。

2. 考虑拉黑率。私域文案要考虑用户拉黑率问题。

私域文案确实需要谨慎考虑,以避免引起用户反感而被拉黑。直接、生硬的广告很容易让用户感到不适,特别是当这些广告来自久未联系的朋友时。在制作私域文案时，需要注重用户的感受和体验，确保内容友好、有价值，而不是过度商业化或令人反感。举个例子。

你正在一旁玩得开心，突然三年不联系的朋友给你发了一条广告。广告内容很直接，"穷人就不要买这款净水机"。

3. 复购率高。

复购率一般指二次购买或多次购买。复购率代表着消费者对产品和服务的认可与信任。在淘宝等平台，消费者可能会因为找不到之前的店铺或者觉得其他店铺更可靠而选择其他家。但在私域中，由于已经建立了稳定的信任关系和用户黏性，消费者更愿意持续购买。这就意味着，只要在初次交易中给消费者留下良好的印象，并持续提供优质的产品和服务，复购率自然会随之提高。

4. 裂变明显。

裂变效应极为显著。这种效应是指业务或客户数量的指数级增长，即从一个基础开始，通过口碑传播、推荐等方式，实现业务的快速增长。例如，当我想购买智能手机时，其他地方的价格是 2300 元，而你这里的价格为 2260 元，尽管只便宜了 40 元，但这足以吸引我。更重要的是，你们的服务态度非常好，甚至提供送货上门服务。首次购买后，我深感物超所值。当我的朋友也需要购买手机时，我会毫不犹豫地将你们的微信号推荐给他们。这样，一桩生意就可能变成两桩，甚至更多。这种口碑传播的力量不容小觑，它能为你们带来更多的客户和业务机会。

5. 初始阶段难。

私域文案变现的初始阶段难度较大，因为需要从无到有建立起一个私域人群。吸引第一波私域人群需要付出大量的宣传和推广努力，可能需要在抖音、快手、小红书等平台进行大力宣传以吸引潜在用户。

一旦成功吸引了第一波私域人群，利用口碑和良好的中间交付，吸引第二波私域人群就会相对容易一些。这得益于口碑传播的力量，可以借助现有用户的推荐，更有效地扩大私域人群。

值得注意的是即使在平台上拥有大量的粉丝关注，这些仍然属于公域流量。要将这些公域流量转化为私域流量，只能选择QQ、微信、企业微信或公众号这四个平台上的用户群体进行转化。

为了成功实现私域文案变现，关键是如何吸引第一波私域人群并建立起良好的口碑。在此基础上，利用这四个平台的优势，不断优化和扩大私域流量，从而实现文案的高效变现。

5.5 2套公式，辅助私域文案创作

接下来尝试用文心一言实现私域文案的创作，我们假设内容选题是：为"小星星"牌毛巾设计一份私域宣传文案。

公式一：故事——成功案例模板，如图5-6所示。

图5-6 故事——成功案例模板

（1）故事引入：我要和大家分享一个令人振奋的成功故事！

（2）发展冲突：我发现了……，它帮助我……

（3）提供解决方案：现在，我想把这个机会分享给你们。

（4）结局和结果：这是一个改变生活的机会，私信我，了解更多信息并开始你的改变之旅！

接下来，我们用文心一言进行调试。

> **提问：** 为"小星星"牌毛巾设计一份私域宣传文案。
> （1）故事引入：我和很多人一样，每天在使用普通毛巾时感到困扰。
> （2）发展冲突：幸运的是我发现了一款独特的毛巾。
> （3）提供解决方案：这款毛巾采用了创新的材料和设计，具有卓越的吸水性和快速干燥的特性。
> （4）结局和结果：私信我了解更多关于这款毛巾的信息，让我们一起享受干爽舒适的感觉吧！

文心一言回答：

我和很多人一样，每天在使用普通毛巾时感到困扰。

毛巾，还能更舒适吗？

你是否也和我一样，每次使用普通毛巾时都感到不尽如人意？潮湿、不易干燥，甚至带有异味。这些问题不仅影响我们的日常生活，还可能影响我们的健康。我们急需一款能够解决这些问题的毛巾。

幸运的是，我发现了一款独特的毛巾。这款"小星星"牌毛巾，它采用了创新的材料和设计，具有卓越的吸水性和快速干燥的特性。这款毛巾不仅能够在短时间内吸收大量水分，还能够在短时间内快速干燥，从而避免了潮湿和有异味的问题。

这款毛巾具有卓越的吸水性和快速干燥的特性。

"小星星"牌毛巾采用了高科技纤维材料，这种材料具有极佳的吸水性和快速干燥的特性。无论你是擦脸还是擦身体，这款毛巾都能够迅速吸收水分，让你感到干爽舒适。此外，它的快速干燥特性也避免了长时间潮湿和异味的问题，让你的生活更加健康和舒适。

如果你也对这款"小星星"牌毛巾感兴趣，欢迎私信我了解更多关于这款毛巾的信息。让我们一起享受干爽舒适的感觉，让我们的生活更加美好！

公式二：折扣优惠模板，如图 5-7 所示。

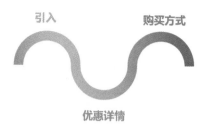

图 5-7 折扣优惠模板

(1) 引入:限时优惠。

(2) 优惠详情:我为大家准备了独家折扣,限时优惠!

(3) 购买方式:私信我获取优惠码,并立即下单。

提问: 为"小星星"牌毛巾设计一份私域宣传文案。

(1) 引入:惊喜!特别优惠!

(2) 优惠详情:购买我们的毛巾,您将享受 30% 的折扣优惠,并且还有额外赠品。

(3) 购买方式:点击链接,选购您心仪的毛巾,尽享干爽舒适!

文心一言回答:

惊喜!特别优惠!购买"小星星"牌毛巾,享受 30% 折扣优惠并获取精美赠品!

亲爱的顾客们,为了感谢大家的支持与厚爱,现在购买"小星星"牌毛巾,您将享受前所未有的 30% 折扣优惠!这是一个难得的机会,让您以很实惠的价格拥有我们高品质的产品。而且,还有额外的精美赠品,数量有限,先到先得哦!

我们的"小星星"牌毛巾采用独特的材料和创新设计,具有卓越的吸水性和快速干燥的特性。这款毛巾能够在短时间内吸取大量水分,让您感受极致的干爽舒适。此外,它的抗菌防臭功能也能有效抑制细菌滋生,保护您和家人的健康。

想要购买这款神奇的毛巾吗?现在就点击下方链接,进入我们的官方商城选购您心仪的毛巾吧!在选购过程中,请务必使用我们的优惠券代码

"xiaoxingxing10000",以便享受 30% 的折扣优惠。同时,您还可以参与我们的限时抢购活动,有机会获得精美的赠品。

别再犹豫了,赶紧抓住这次难得的机会,让"小星星"牌毛巾为您的生活带来更多舒适与健康。期待您的光临!

Chapter 06 第六章

利用人工智能实现文案变现的底层逻辑

第六章 利用人工智能实现文案变现的底层逻辑

从功利性角度来看，人工智能实现文案变现的底层逻辑包括情绪化阅读、激发读者购买欲和一键批量创作。**情绪化阅读是人工智能实现文案变现提升流量的底层逻辑。激发读者购买欲是商业文案变现的底层逻辑。一键批量创作是提升效率的底层逻辑**。人工智能实现文案变现的底层逻辑如图 6-1 所示。

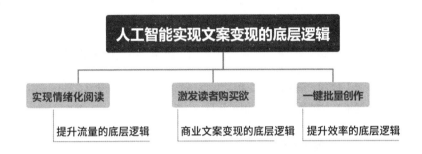

图 6-1 人工智能实现文案变现的底层逻辑

6.1 实现情绪化阅读：人工智能必杀技，风险与机遇并存

实现情绪化阅读，首先要打造共鸣，这就需要我们站在读者的角度思考问题。以电动车为例，以下是三个可能引发共鸣的点。

（1）冬季与夏季里程的不确定性：对于经常需要使用电动车的人来说，电动车冬季里程的减少和夏季里程的增加都是很大的困扰。这使得他们在使用时感到非常不方便。

（2）重量问题：对于电动车女性使用者来说，过重的电动车在骑行、停放和搬运时都极为不便。这增加了她们的负担，影响了她们对电动车的整体评价和购买决策。

（3）脚蹬骑行功能：在实际使用中，电动车的脚蹬骑行功能往往显得鸡肋。在电量充足的情况下，脚蹬骑行不仅费力，而且速度慢；而在电量不足的情况下，脚蹬骑行更是难以实现。

为了引导顾客的情绪宣泄，我们尝试以第一人称叙述作者的经历：在某年某月某日，我骑着电动车因距离过远电池没电，本以为电动车的脚蹬能帮我解决问题，但结果却令人失望。电动车根本蹬不动，还不如推着电动车往前走得快。这样的经历，相信很多读者都有过，因此能够引发他们的共鸣。

接下来，运用讯飞星火认知大模型做情绪化阅读的内容调试。

> **提问：** 请帮我写一篇文章：因距离遥远，骑行电动车中途没电，使用脚蹬骑行非常费力，甚至比推着电动车还累。

讯飞星火认知大模型回答：

在城市的繁华街道上，电动自行车的身影随处可见。这些环保又便捷的交通工具，深受大众的喜爱。但当我们面临更长的路程和更高的海拔时，电动自行车可能会面临一些挑战，尤其是在电量耗尽的情况下。

曾有一次骑行经历，那是一个明媚的周末早晨，我骑着电动自行车出发了。起初，一切都很顺利，我沿着城市的道路骑行，呼吸着新鲜的空气，沐浴着温暖的阳光。但随着道路变得崎岖不平，我的行程也越发艰难。

在我即将到达目的地的那一刻，我的电动自行车电量耗尽了。我有些失望，因为我已骑行很远，却仍未找到充电的地方。我本想继续前行，但使用脚蹬骑行异常费力。每一步都需要我付出巨大的努力，甚至有时推着车前进反而更快。

尽管困难重重，我还是坚持了下来。我深知这是我选择的路，我必须走完它。这次经历让我更加深刻地理解了电动自行车的局限性和挑战性。它既是我们出行的得力助手，也是对电量和海拔的严峻考验。

从这次经历中，我认识到在选择电动自行车作为出行工具时，我们需要充分考虑自己的行程和海拔因素。同时，我也明白了在面对挑战时，坚持和毅力的重要性。正是这种不屈不挠的精神支撑我完成了那次骑行。

上述内容叙述的语调太过沉闷，甚至没有表达出自己对这件事情的愤慨,这很难引起读者的共鸣。

> **继续提问:** 对上面这篇文章做情绪化表达,重点突出电车没电之后"我"的无奈和气愤。

讯飞星火认知大模型二次回答:

在周末的早晨,我怀揣着对美好时光的憧憬,骑上了我的电动自行车。谁料,计划被突如其来的电量耗尽打乱,一股无奈与气愤的情绪涌上心头。

刚开始,我并未将电量问题放在心上,毕竟我有备用电池。然而,当我找到充电地点时,时间已经不允许我重新充满电。无奈之下,我只好推着沉重的电车继续前行。每一步都显得如此艰难,我感觉自己像极了一个被世界抛弃的旅者。

这个周末的经历让我倍感心烦。对于这辆不可靠的交通工具,我已经失去了信心。从今往后,我决定重新审视我的出行方式,再也不会选择这种不可靠的交通工具。

但此时出现另一个问题——把气愤后移了。不单要表达电车没电之后非常生气,更重要的是表达用脚蹬骑电车费时费力的情绪,继续提问。

> **提问:** 对这个故事做补充,电车没电后我用脚蹬骑行,却发现根本骑不动,还不如推着省劲儿。

讯飞星火认知大模型三次回答:

当我推着电车艰难前行时,我发现脚蹬根本无法转动。这让我感到非常无奈和气愤,因为我一开始以为备用电池能解决所有问题。

我曾以为有了备用电池,我就能轻松应对突发情况,但现实却给我上了一课。我为自己的过于自信感到后悔,因为这种盲目的自信让我没有事先考虑其他可能的问题。

通过这次经历,我深刻反思了自己的行为。我意识到,生活需要我们更加谨慎和周全地考虑问题,不能抱有侥幸心理。在以后的日子里,我会更加注意备用电池的使用,并充分考虑其他可能出现的问题,做好充足的准备。

　　这次经历虽然让我感到无奈和气愤，但也让我更加珍惜生活中的每一个细节，更加明白自己的不足之处。我相信，只要我们勇于面对自己的不足，不断学习和成长，我们一定能够克服任何困难，迎接更加美好的未来。

　　此时人工智能的回答非但没有满足我的诉求，反而却执着于讨论备用电池的问题。因为在之前调试过程中，人工智能提到过备用电池。

　　这表明人工智能在某些情况下可能会出现"调试留痕"的问题，导致它在回答问题或提供信息时，会受到之前调试内容的影响，而无法给出准确的回答。这不仅会干扰用户的正常使用，还可能给用户带来不必要的困扰。

　　为了解决这个问题，我们可以采取一些措施来规避"调试留痕"的影响。我们可以尝试重新提问，以避免人工智能受到之前调试内容的影响。同时，我们也可以尝试换一个界面提问，以避免人工智能受到之前调试内容的干扰。

　　我不建议大家换界面提问，因为此时需要对人工智能进行新一轮的调试。不仅费时费力，而且很难达到预期效果。所以我们最好选择换一个问题提问。

提问：电动车一旦电量耗尽，使用脚蹬辅助骑行的时候特别费劲，根本骑不动，针对这件事写一个故事。

讯飞星火认知大模型回答：

　　小明是一位热爱骑行的年轻人，他每天都会骑着电动车上下班。然而，有一天当他行驶到半路时，突然发现电动车的电量耗尽了。

　　小明很着急，因为离公司还有一段距离。他赶紧拿出备用电池，发现备用电池的电量也不足以支撑他到达公司。他只能使用脚蹬辅助骑行，却发现根本骑不动，还不如推着省劲。

　　小明非常无奈和气愤，他觉得自己太依赖电动车了，没有做好应对突发情况的准备。他开始反思自己的行为，在以后的生活中，他会更加注意备用电池的使用，对其他可能出现的问题也要进行充分的准备。

虽然这次经历让小明感到失落和沮丧，但是他也从中学到了很多东西。他明白了自己的不足之处，也更加注意生活中的细节。他相信，只要不断地学习和成长，就一定能够克服困难，迎接更加美好的未来。

很明显，调试失败。之所以给大家展示出来，是希望大家明白，当我们提出某个问题，人工智能无法回应或回应错误时，我们完全可以换一种问法，把我们需要的问题点更清晰、更明确地对人工智能指出，以此获得我们所需要的回答。

在利用人工智能实现情绪化阅读时，往往以第一人称叙述会更加有效。我们把第三人称换成第一人称，并添加情绪化表达。

提问： 把第三人称改成第一人称，并对上面这篇文章做情绪化表达，重点突出用脚蹬辅助骑行时的无奈和气愤。

讯飞星火认知大模型回答：

当我行驶到半路时，突然发现电动车的电量耗尽了。我非常着急，因为离公司还有一段距离。我赶紧拿出备用电池，发现备用电池的电量也不足以支撑我到达公司。我只能使用脚蹬辅助骑行，却发现根本骑不动，还不如推着省劲。

我非常无奈和气愤，我觉得自己太依赖电动车了，没有做好应对突发情况的准备。我开始反思自己的行为，在以后的生活中，我会更加注意备用电池的使用，对其他可能出现的问题也要进行充分的准备。

虽然这次经历让我感到失落和沮丧，但是我从中学到了很多东西。我明白了自己的不足之处，也更加注意生活中的细节。我相信，只要不断地学习和成长，就一定能够克服困难，迎接更加美好的未来。

这次生成的故事基本可以实现情绪化阅读，让读者在阅读时有共鸣。但仅有共鸣是不够的，仍然需要对这个故事进行微调，以此增加阅读量。接下来给大家展示一下我的微调成果。

在熙熙攘攘的城市街道上，我骑着电动车，享受着阳光的沐浴。然而，半路上，我的电动车突然电量耗尽，让我陷入了困境。

我急得像热锅上的蚂蚁，因为距离公司还有一段距离，时间紧迫。我迅速拿出备用电池，希望能扭转乾坤。然而，残酷的现实摆在眼前，备用电池的电量也所剩无几。

无奈之下，我只能依靠脚蹬辅助骑行。可是，无论我怎么用力蹬踏，车子都纹丝不动，甚至比推着还费劲。这时，我感到既无奈又气愤，一股沮丧的情绪涌上心头。

我开始反思自己的行为，意识到自己过于依赖电动车，没有做好应对突发情况的准备。通过这次经历，我明白了生活需要我们更加谨慎和周全地考虑问题，不能抱有侥幸心理。

这次经历虽然让我感到有些失望和沮丧，但也让我更加珍惜生活中的每一个细节。我决心在以后的日子里，更加注重备用电池的使用，并充分考虑到其他可能出现的问题。

我相信，只要我们能够从中吸取教训，不断学习和成长，就一定能够克服任何困难，迎接更加美好的未来。

因为章节篇幅的原因，我们没有办法做更多的详细补充和调试，大家可以就电动车现存的里程问题和重量问题使用人工智能自己调试一下，看看如何能够引发读者共鸣。

6.2 激发读者购买欲、去重微操作，让爆款与商业同行

在文案变现的过程中，激发读者购买欲并促进实际销量的产生，是实现最高利润的关键。而实现文案变现的核心要素有两个，即如何能够激发读者购买欲以及如何去重。

以小兔牌电动车为例，并且把市场上电动车的缺点与其对比，以此来引导读者购买。比如，普通常规电动车使用脚蹬骑行费时费力，还容

易磕到腿，而小兔牌电动车脚蹬骑行与自行车无异，轻松方便。

通过这种简单对比，很容易激发读者的购买欲。

> **提问：** 为小兔牌电动车写一份营销文案，即便电动车没电，利用脚蹬骑行也能够很快到达目的地。

讯飞星火认知大模型回答：

在繁忙的城市中，交通拥堵和停车难是人们经常面临的困扰。此时，一款既方便又实用的交通工具成了刚需。小兔牌电动车，正是您城市出行的理想之选！

小兔牌电动车不仅具备高效、稳定的电池系统，更在细节上考虑周到。当您遇到电动车没电的情况时，只需简单操作，即可将脚蹬安装到车架上，轻松骑行到达目的地。这一设计既解决了电动车电量不足的问题，又避免了推车的尴尬和费力。

此外，小兔牌电动车采用高品质材料和先进技术，确保了车辆的安全性、稳定性和耐用性。无论是在城市的街头巷尾还是乡村的小道上，您都可以放心骑行，畅享出行的便捷与愉悦。

选择小兔牌电动车，意味着选择了一种高效、环保、便捷的出行方式。让我们共同为城市出行贡献一份力量，让生活更加美好！

但是这份文案有一个缺陷，即缺乏对比性。在对电动车做营销时，要和其他电动车进行横向对比，从而突出小兔牌电动车的优势。

> **提问：** 为小兔牌电动车写一份营销文案：其他电动车在没电时利用脚蹬骑行非常费劲，但小兔牌电动车没电时，利用脚蹬骑行也能很快到达目的地。

讯飞星火认知大模型回答：

在繁忙的城市中，交通拥堵和停车难是人们经常面临的困扰。此时，一款既方便又实用的交通工具成了刚需。小兔牌电动车，正是您城市出行的明智之选！

与其他电动车品牌相比，小兔牌电动车拥有独特的优势。当您遇到电动车没电的情况时，您无需担忧。因为我们的电动车配备了高性能的脚蹬，让您在没电时也能轻松骑行。与其他品牌的电动车相比,我们的脚蹬更加省力,让您在骑行中感受到前所未有的便捷与舒适。

此外,小兔牌电动车采用高品质的材料和先进的技术,确保了车辆的安全性、稳定性和耐用性。无论是在城市的街头巷尾还是乡村的小道上,您都可以放心骑行,畅享出行的便捷与愉悦。

选择小兔牌电动车,意味着选择了一种高效、环保、便捷的出行方式。让我们共同为城市出行贡献一份力量,让生活更加美好!

这份文案大体上能够激发读者的购买欲,但是内容太过生硬,和电视台的营销广告没什么区别。这种内容当作视频脚本尚可,但如果当作营销文案,读者根本读不进去。所以要求人工智能继续进行调试。

提问:把上面这段话进行口语化表达,增加内容的趣味性。

讯飞星火认知大模型回答:

想轻松穿梭在拥挤城市里吗?想随时随地享受骑行的乐趣吗?来,给你介绍一位城市骑行的得力助手:小兔牌电动车!

别的电动车,没电了就只能干瞪眼,推着走。但小兔牌电动车,没电了也照样骑!为啥这么牛?因为我们有超省力的脚蹬!蹬两下,轻松到达目的地,你说爽不爽?

别的电动车骑起来费劲又磕腿,但小兔牌电动车的脚蹬,蹬起来跟骑自行车差不多,简直太方便了!

安全问题是我们最关心的事项。小兔牌电动车采用高级材料,配备先进技术,非常稳!不管你是城市通勤还是乡间游玩,这款电动车都能满足你的需求。

别再犹豫了,选择小兔牌电动车,就是选择自由、便捷和愉悦的出行方式。一起享受骑行的乐趣吧!

接下来还需要手动微调,要求内容更圆润、更具可读性。

小兔牌电动车:带你"飞"!告别电量焦虑,畅享超能出行!

当你在拥挤的城市里穿行,突然发现你的电动车没电了。别慌!小兔牌电动车来拯救!我们的超级电动车不仅能让你轻松到达目的地,还能在没电的时候像超级英雄一样用脚蹬骑行!

想象一下,你在人群中娴熟地安装脚蹬,然后瞬间加速,风驰电掣地穿越城市!而其他电动车只能羡慕地看着你从身边飞驰而过!

小兔牌电动车不仅方便快捷,还保证你的安全、舒适。我们的电池系统高效、稳定、可靠,让你出行无忧。不管是城市通勤还是乡村骑行,我们都能满足你的需求。

别再等了!快来试试小兔牌电动车吧!让我们一起感受自由、便捷和惊喜的超能出行体验吧!

大家可以看出,我对初始的文案做了调整,增加了可读性和趣味性。但这还只是其中的一步,接下来要给大家展示人工智能的去重微操作。去重微操作是辅助内容创作的,不能侵犯他人的知识产权。

> **提问:** 对上面这一段做内容微调。

讯飞星火认知大模型回答:

小兔牌电动车,让你的出行更加轻松愉快!告别电量焦虑,畅享超能出行!

在城市里,拥挤的交通和烦琐的路程总是让人感到疲惫不堪。但是有了小兔牌电动车,这一切都变得不再困难!我们的超级电动车不仅拥有高效电池系统,还配备了脚蹬,让你在电池没电的时候也能像超级英雄一样飞奔!

想象一下,当你在人群中安装好脚蹬,像风一样疾驰在城市的每个角落,那种感觉是如此的自由和畅快!而其他骑电动车的人只能羡慕地看着你从身边飞驰而过。

除了方便快捷,我们还保证你的安全、舒适。我们的电池系统高效、稳定、可靠,让你出行无忧。不管是城市通勤还是乡村骑行,我们都能满足你的需求。

所以,别再等待了!快来试试小兔牌电动车吧!让我们一起享受自由、畅快和惊喜的超能出行体验吧!

去重有何作用呢?我们举一个例子,假定我们在网上看到一句如下宣传语。

小兔牌电动车：带你"飞"！告别电量焦虑，畅享超能出行！

直接使用这句广告语，可能存在版权问题，并且同样的内容在不同平台可能已经多次出现，会影响流量推荐。**所以需要对这句广告语做内容微调。**

> **提问：** "小兔牌电动车：带你'飞'！告别电量焦虑，畅享超能出行！" 把这句话调整一下，用10种新的表达方式写出来，要求具备对称性和美感。

讯飞星火认知大模型回答：

1. 小兔牌电动车，让你翱翔天际！摆脱电量烦恼，畅享超凡出行！
2. 小兔牌电动车，带你飞越城市！告别电量焦虑，尽享无限出行！
3. 小兔牌电动车，让你尽情飞翔！摆脱电量困扰，畅享自由出行！
4. 小兔牌电动车，带你驰骋天际！告别电量烦恼，享受极速出行！
5. 小兔牌电动车，让你翱翔蓝天！摆脱电量束缚，畅享无限出行！
6. 小兔牌电动车，带你飞越山川！告别电量焦虑，体验极致出行！
7. 小兔牌电动车，让你畅游天地！摆脱电量烦扰，尽享自在出行！
8. 小兔牌电动车，带你飞跃城市！告别电量烦恼，尽情畅游出行！
9. 小兔牌电动车，让你翱翔云端！摆脱电量束缚，尽享自由出行！
10. 小兔牌电动车，带你飞向未来！告别电量焦虑，开启全新出行之旅！

在进行文案变现的过程中，创作者如果发现某句话能够激发读者的购买欲，但这段话又不方便直接借用，可以通过人工智能进行微调获得新的灵感。

不过这种微调非常敏感，我们需要做以下三点补充说明。

第一点，复制别人的整套营销模式或整篇文案并不可行，因为这涉及知识产权问题，并且也触及文案变现者最核心的底线问题，即要保证内容的原创性，不可复制、抄袭别人的内容。

第二点，人工智能的主要作用是帮助创作者从多角度、多维度进行思考，提供灵感和选择。然而，人工智能生成的文案仍需经过人工筛选、调整和编辑，以确保其质量和适用性。

第三点，我们必须注意部分人工智能在激发读者购买欲时可能存在的夸大或虚假宣传行为。在涉及商业化的营销文案时，任何形式的夸大或虚假宣传都可能对后续的产品交付造成阻碍，甚至损害品牌的口碑和信誉。因此，人为的严格审核至关重要。

6.3 一键批量创作：个人即矩阵，打造立体人设

我们将 6.2 节创作的营销文案提交给讯飞星火认知大模型、通义千问以及天工，要求人工智能应用对该营销文案做内容调整，使其具备营销属性。

讯飞星火认知大模型回答：

小兔牌电动车，让你畅享自由、畅快和惊喜的超能出行体验！

你是否厌倦了在拥挤的城市里挤地铁、挤公交？是否因为电动车的电量不足焦虑、烦恼不已？别担心，小兔牌电动车来拯救你！我们的超级电动车不仅能让你轻松到达目的地，还能在没电的时候像超级英雄一样用脚蹬骑行！

想象一下，你在人群中娴熟地安装脚蹬，然后像风一样疾驰在城市的每个角落！而其他骑电动车的人只能羡慕地看着你从身边飞驰而过！

除了方便快捷，我们还保证你的安全、舒适。我们的电池系统高效、稳定、可靠，让你出行无忧。不管是城市通勤还是乡村骑行，我们都能满足你的需求。

快来试试小兔牌电动车吧！让我们一起感受自由、便捷和惊喜的超能出行体验吧！

通义千问回答：

如果你还在为城市中的交通拥堵和电动车的电量不足而焦虑不已，那么小兔牌电动车就是你的最佳选择！我们的电动车不仅具备超强的续航能力，能够轻松满足你的城市通勤需求，而且在没电的时候，还能像超级英雄一样使用脚蹬骑行，让你在人群中脱颖而出，尽显非凡！

天工回答：

当你准备出行时，突然发现电动车没电了，别担心！小兔牌电动车来拯救！我们的超级电动车不仅能让你轻松到达目的地，还能在电池没电的时候像超级英雄一样用脚蹬骑行！

想象一下，你在人群中娴熟地安装脚蹬，然后瞬间加速，风驰电掣地穿越城市！而其他骑电动车的人只能羡慕地看着你从身边飞驰而过！

小兔牌电动车不仅方便快捷，还保证你的安全、舒适。我们的电池系统高效、稳定、可靠，让你出行无忧。不管是城市通勤还是乡村骑行，我们都能满足你的需求。

别再等了！快来试试小兔牌电动车吧！让我们一起感受自由、便捷和惊喜的超能出行体验吧！

对天工生成的营销文案不满意，我们点击重新生成，让天工继续调试。

天工二次回答：

根据您的要求，我会对上面的文案进行一些调整，增加一些营销属性。以下是我的修改建议。

摆脱电量焦虑，畅享超能出行！小兔牌电动车带你飞！

在拥挤的城市里，你是经常因为电动车电量不足而困扰？别慌！小兔牌电动车来拯救！我们的超级电动车不仅能让你轻松到达目的地，还能在没电时用脚蹬骑行，让你感受到前所未有的自由和惊喜！

想象一下，你在人群中娴熟地安装脚蹬，然后瞬间加速，风驰电掣地穿越城市！其他骑电动车的人只能羡慕地看着你从身边飞驰而过，而你却能享受着超能出行的乐趣！

小兔牌电动车不仅方便快捷，还能保证你的安全、舒适。我们的电池系统高效、稳定、可靠，让你出行无忧。不管是城市通勤还是乡村骑行，我们都能满足你的需求。

现在购买小兔牌电动车，还能享受多重优惠和福利！快来加入我们的超能出行大家庭，一起享受自由、便捷和惊喜的超能出行体验吧！

这段文案在强调产品优势和用户体验的同时加入了一些幽默的元素，使其更具吸引力和感染力。

讯飞星火认知大模型、通义千问、天工关于同一文案的生成内容是不同的。基于此，假如我们创作了一份非常优秀的商业文案，并且带来的销量和利润非常可观。那我们就可以从不同的角度来写相似的文案，然后分发到各大自媒体平台上，这叫矩阵的批量化操作。现在有人工智能辅助创作，一个人就是一个矩阵，可以把一份收益扩充到数份。

在 2023 年以前，矩阵批量化操作有以下两种模式。

（1）由个人组建的独立矩阵。

（2）很多人共同搭建的矩阵，形成利益共同体。

这两种模式的展示效果是一样的，即某款产品的营销文案获得足够的市场利润后，后续账号会持续跟进，对最开始创作的那一篇文章进行多次翻新，添加自己的灵感和理解。以此在保证这篇文章的原创性前提下，获得利益最大化。

在 2023 年以后，人工智能可以辅助文案变现，甚至可以把之前优质的商业文案进行整改。一个人就是一个矩阵，通过人工智能一分钟就可以生成 3~4 条不同的商业文案。

对此，我们有以下几点补充说明。

（1）有属于自己的文案。人工智能辅助商业文案的批量化创作，前提是有一条属于自己的商业文案。我们不能拿别人的商业文案要求人工智能一键生成或者直接套用。

（2）文案需要手动微调。人工智能的批量化操作，存在内容更改幅度较小的情况。这会影响我们账号的原创度,所以仍然需要手动微调。

(3)不可批量发布。批量创作可行,但批量发布不可行。如果一个账号连续发布10条商业文案变现内容,会被平台判定为营销号,可能会被平台限流。毕竟从平台的角度出发,不太希望读者读的每一篇文章都是卖货文章或营销软文。

(4)不同的人工智能在批量创作文案时,效果不同。

6.4 无法逾越的三条底线

人工智能无法取代创作者进行文案变现,因为有三条底线,在未来几年都很难逾越。三条底线如图6-2所示。

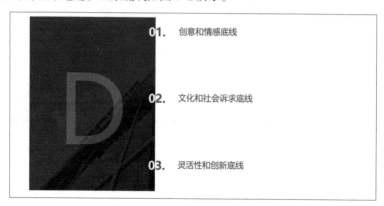

图6-2 三条底线

1.创意和情感底线。

人工智能生成的文案往往缺乏真实的情感和创意,这是因为它们无法像人类一样拥有丰富的情感和独特的创意。尽管人工智能可以模拟人类的情感和创意,但这种模拟往往是表面的、机械化的,无法真正传达出人类情感和创意的深度和复杂性。

内容创作者在生成文案时会注入自己的个人情感，这种情感是真实而深刻的。无论是喜悦、愤怒、悲哀、欢乐、恐惧还是其他情感，内容创作者都能够准确地表达出来。这是因为他们拥有自己的经历、情感状态和文化背景，这些因素共同塑造了他们的思考方式和表达方式。

人工智能无法完全模拟人类的创作能力和情感表达，这主要是因为它们缺乏人类的真实经历和文化背景，无法真正理解人类的情感状态。虽然人工智能在处理和分析大量数据方面具有优势，但在创意和情感表达方面仍然存在局限性。

2. 文化和社会诉求底线。

不同的地域和群体有着各自独特的文化和社会诉求，这是人类多样性和差异性的体现。在一线城市，消费者往往更注重品牌和品质，而在三线、四线城市，性价比可能是更重要的考量因素。在乡村地区，人们可能更注重产品的实用性和价格。这些不同的文化和社会诉求，反映了不同地区和群体的生活经验和价值观，是人工智能难以完全理解和把握的。

对于文案变现而言，精准把握目标群体的文化和社会诉求至关重要。泛商业变现和泛私域变现都需要根据目标群体的特点和需求，进行精准的定位和定制。这需要深入了解目标群体的文化背景、价值观念和生活方式，以及他们在社会和商业环境中的诉求和期望。

人工智能可以在一定程度上辅助分析和理解目标群体的特征和需求，但最终仍需依靠人类的判断和创造力。因为人类的情感、价值观和文化认同是复杂且多样化的，只有通过人类的感知和理解才能真正把握。因此，在文案变现的过程中，我们需要充分考虑并尊重不同群体的文化和社会诉求，以创造真正有价值和影响力的内容。

3. 灵活性和创新底线。

人工智能在处理全球事件和热点新闻时，往往难以具备与人类相似的灵活性和创新性。这是因为人工智能的训练数据和算法都是在特定历史时期和背景下开发的，难以应对不断变化的全球事件和热点新闻。

以黄色旗袍为例，这一流行现象背后涉及的是人类的创造力、审美观念和社会趋势的变化。美妆达人的试穿和推广引发了女性购买潮，这种创新和灵活性是人工智能难以理解和模仿的。人工智能可能只会从颜色和图案等方面进行简单的描述，而无法深入挖掘黄色旗袍火爆背后的真正原因。

人类的思维和创造力是灵活的，能够根据不断变化的环境和事件进行适应和创新。而人工智能在处理全球事件和热点新闻时，往往只能根据已有的数据和算法进行推断和分析，缺乏真正的灵活性和创新性。

在文案创作中，灵活性和创新性同样重要。随着社会和文化的不断变化，我们需要不断更新和调整我们的思维和表达方式。而人工智能在这方面的局限性，也使得它难以成为文案创作的唯一解决方案。

人工智能在文案创作中确实存在一些局限性，尤其是在创意和情感、文化和社会诉求、灵活性和创新性等方面。因此，在利用人工智能进行文案创作时，我们需要充分认识到其优势和局限性，并将其作为一种辅助工具，而不是完全替代人类的创意和思考。通过结合人类的智慧和创新，我们能够创造出更丰富、更有深度的内容，并在这个过程中不断探索和发展。

Chapter 07 第七章

今日头条、百家号等平台爆款文 AI 创作实战

在今日头条、百家号等新媒体平台上打造爆款文案时，可以借助平台自带的 AI 智能工具，如百家号 AI 创作、快传号 AI 创作以及易撰自媒体平台自带的 AI 智能工具等。这些人工智能工具能够辅帮助内容创作者更高效地创作出受欢迎、易于传播的文案。

7.1 三款工具：易撰、百家号、快传号 AI 创作

第一个工具，易撰 AI 创作

用易撰 AI 进行创作时，需要用到四个功能。自动生成文章内容以提升创作效率，取爆款标题调试以吸引读者点击，编辑器质量分析测评以修正文章错误，以及利用爆文素材中的自媒体库寻找灵感和丰富内容。

易撰 AI 创作中的人工智能互动可以辅助创作者创作故事性文章，并且可以做内容总结，类似于天工、通义千问和讯飞星火认知大模型中的人工调试功能。但相比较而言，易撰 AI 创作的功能性可能会略逊一筹，在内容创作时需要的技巧也会更多一些。

易撰 AI 取爆款标题是非常优质的。把大纲或相关规范填入内容栏中，要求其一键生成爆款标题，且具备可读性和吸引力。这一功能为创作者提供了极大的便利，节省了大量时间和精力，让他们能够更加专注于内容的质量和独特性。

> **提问：** 以老小区改造，一楼住户坚决不同意安装电梯为主题，写一篇文章。

易撰回答：

老小区改造，一楼住户坚决不同意安装电梯。

近些年，随着城市的发展，老旧小区的改造越来越成为人们关注的话题。改造后的小区不仅能够提升居民的生活质量，还能够美化城市的形象。然而，在老小区改造的过程中，有些住户不同意安装电梯。其中，一楼住

户的态度尤为坚决，这让整个改造工作受到了很大的影响。

对于老小区的改造，安装电梯是必不可少的一项措施。电梯的安装能够方便居民的出行，特别是对老年人和残疾人来说，电梯更是一个刚需。然而，一楼住户的反对让这项工作无法进行下去。据了解，一楼住户认为电梯的安装会影响他的生活，还会危及他们的安全，因此坚决反对。

面对一楼住户的反对，业委会和物业公司多次组织磋商，都没有取得进展。这不仅让其他住户感到困扰，也让改造工作无法进行。在这样的情况下，我们需要采取一些措施来解决这个问题。

首先，我们可以开展宣传工作，向一楼住户普及电梯的安全性和便捷性。通过这种方式，我们希望能够消除他的疑虑，让他明白电梯的安装会带来的好处。此外，我们也可以邀请专业人士进行详细的安全检测和评估，以此来证明电梯的安全性。

然而，我们也需要从根本上思考这个问题。为什么会出现这样的情况？是因为一楼住户的利益没有得到充分的考虑和保障吗？还是因为改造工作的信息传递出现了问题，导致住户误解了电梯的安装计划？这些问题都需要我们去深入思考和解决。

只有当我们真正理解了住户的需求和关切，才能更好地推进老小区的改造工作，让居民过上更好的生活。这也是我们作为业委会和物业公司的职责所在。

可以看出，易撰 AI 生成的文章，距离爆款文章还很远。这一部分操作的目的是通过选题，给大家进行内容定位。然后，根据易撰 AI 生成的文章让其生成爆款标题。

易撰回答：

老小区改造遇阻！一楼住户坚决不同意安装电梯，影响整个改造工作！如何解决？

可以看出，该标题具备三段式结构，作为故事性文章的爆款标题，没有太大问题。

第二个工具，百家号 AI 创作

利用百家号进行 AI 创作需要用到四个功能，文笔润色和博主必备中的情感分享、知识观点和经验分享。

在百家号上输入"老小区改造，一楼住户不同意安装电梯"，你会发现文笔润色更注重将文章调整为专业或活泼等风格；情感分享则倾向于讲好故事，引发读者的情感共鸣；知识观点主要用于科普相关内容；而经验分享则倾向于提供解决方案。

通过巧妙运用这些功能，你可以完成一篇内容完整、风格多样的文章。首先，利用情感分享讲述故事；其次，通过知识观点普及核心观点；最后，借助经验分享给出解决方案。然后，在文笔润色中修改成你想要的风格。这样，你就能轻松撰写一篇吸引人的文章了。

接下来，在情感分享、知识观点和经验分享的文本框中分别输入"老小区改造，一楼住户不同意安装电梯"进行调试。

百家号回答：

老小区要改造，可是一楼的住户不想安装电梯。

这是一个老小区的故事，小区居民一直想安装电梯，方便行动不便的老年人，但是一直没有实现。于是小区居民决定共同出资，安装电梯。小区居民互相帮助，共同协作，终于完成了电梯的安装。安装好电梯后，老年人非常高兴，生活变得更加便利。小区也成为其他社区学习的典范，吸引了更多人的关注。

建议：这个案例告诉我们，只要我们团结一心、齐心协力，就可以合作解决很多问题。在日常生活中，我们要多关注邻里间的需求，建立更紧密的社区关系。同时，政府也应该多倾听居民的声音，尽力给予更多的帮助和支持，共同营造和谐美好的社区生活。

百家号二次回答：

老小区安装电梯的背景介绍、必要性、实施方案和实施效果如下。

一、背景介绍

老小区，这些历史悠久的住宅区，见证了时代的变迁。然而，由于其建设年代久远，普遍缺乏现代化的设施，其中最明显的缺陷就是电梯的缺失。对于许多老年人和行动不便的居民来说，每天上下楼梯成了他们生活中一项沉重的负担。

二、电梯的必要性

随着社会的发展和人口老龄化的加剧，老小区居民对于电梯的需求越来越迫切。电梯不仅可以帮助老年人、残障人士等行动不便的居民解决实际困难，提高生活质量，而且在紧急情况下，它还可以作为快速疏散的通道，保障居民的生命安全。此外，安装电梯可以提升小区的整体形象，增强其市场竞争力，吸引更多人选择在此居住。

三、实施方案

为了实现老小区电梯的安装，需要采取一系列的措施。首先，应进行详细的调研和规划，了解居民的需求和意见，确定电梯的安装位置和数量。其次，筹集资金是关键。可以通过政府补贴、居民集资、社会捐赠等多种方式来筹集资金。此外，选择合适的电梯品牌和施工队伍也是非常重要的。应确保所选择的电梯品牌质量可靠、性能稳定，同时施工队伍应具备相关资质和经验。最后，在施工过程中应充分考虑居民的生活便利性，尽量减少对居民生活的影响。

四、实施效果

老小区安装电梯后，将带来多方面的好处。首先，它将极大地改善老年人和行动不便居民的生活质量，使他们能够更加方便地出入楼栋。其次，提高小区的安全性。在紧急情况下，电梯可以快速疏散人员，减少事故风险。此外，安装电梯可以提升小区的整体形象，增强其市场竞争力，促进房屋的保值和增值。最后，老小区安装电梯的成功经验可以为其他类似的小区提供借鉴和参考，推动更多的小区进行电梯的安装工作。

总之，老小区安装电梯是一项惠民工程，它将为居民带来实实在在的便利和福祉。通过政府、居民和社会各界的共同努力，我们相信这一目标一定能够实现。

百家号三次回答：

随着城市的发展和人口老龄化的加剧，老小区的居民对于电梯的需求越来越迫切。然而，在老小区改造中，一楼住户往往成为安装电梯的"拦路虎",他们担心电梯安装会影响自己的采光、通风和隐私等。如何解决这个问题,成为老小区改造中的一大难题。

我们需要了解一楼住户反对安装电梯的原因,是因为担心电梯运行会产生噪音、影响自己的居住环境,还是因为经济补偿的问题。只有了解了他们的诉求,才能有针对性地解决问题。

针对这些担忧,我们可以采取以下措施。

1. 加强沟通与交流:与一楼住户进行深入沟通,听取他们的意见和诉求,向他们解释电梯安装的必要性和优点,同时也尽可能地解决他们的疑虑和担忧。

2. 采取合适的电梯类型和施工技术:选择噪音低、震动小的电梯品牌和型号,同时采用先进的施工技术,最大限度地减少对一楼住户的影响。

3. 提供经济补偿:对于一楼住户,可以考虑给予一定的经济补偿,以弥补他们因电梯安装而造成的损失。

4. 寻求法律支持:如果一楼住户的反对理由不合理或者无法协商解决,可以寻求法律支持,通过法律途径解决争议。

综上所述,解决老小区改造中一楼住户不同意安装电梯的问题需要耐心、细致的工作和多方面的努力。只有通过与一楼住户的沟通、协商和合作,才能实现老小区改造的顺利推进,为居民创造更加舒适、便利的生活环境。

我们可以看到,经验分享和知识观点生成的内容有部分重叠。所以创作者在创作的时候需要多加注意。

有时候文章中并不需要经验分享,而是需要其他类型的写作形式,例如,纯粹的事实描述、个人见解或虚构故事等。在这种情况下,经验分享可能并不适用,因为它可能与文章的主题和风格不符。

此外,如果经验分享和知识观点的交叉过大,可能会导致文章的内容过于重复或冗长,从而影响读者的阅读体验。因此,在写作过程中,需要注意避免过度依赖经验分享或知识观点,而是要根据文章的需要选择适当的内容和形式。

第三个工具,快传号 AI 创作

关于快传号 AI 创作,前面已经详细讲过其 AI 帮写功能,现在我们将介绍 AI 创作的另一功能:AI 配图。快传号 AI 配图的图片风格分类如

图 7–1 所示。

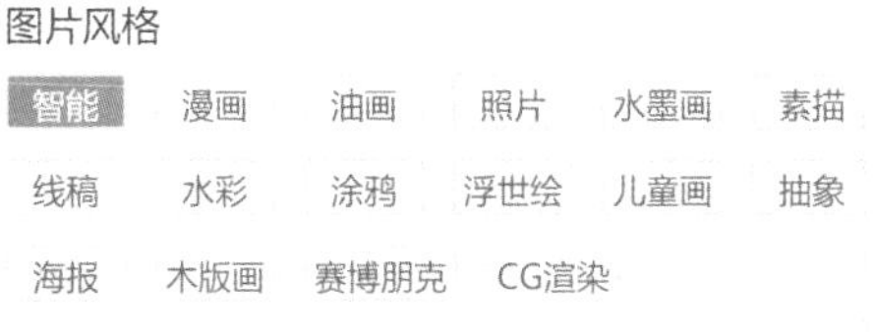

图片风格
智能
漫画
油画
照片
水墨画
素描
线稿
水彩
涂鸦
浮世绘
儿童画
抽象
海报
木版画
赛博朋克
CG渲染

图 7–1　快传号 AI 配图的图片风格分类

把“老小区改造”这个话题带入 AI 配图中，看一看能生成怎样的图片，如图 7–2、图 7–3 和图 7–4 所示。

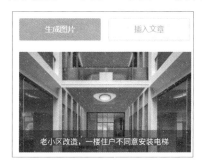

生成图片
插入文章
老小区改造，一楼住户不同意安装电梯

图 7–2　快传号 AI 配图一次回答

生成图片
插入文章
老小区

图 7–3　快传号 AI 配图二次回答

生成图片
插入文章
破烂的老小区

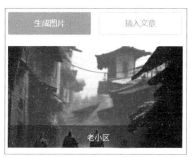

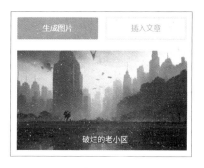

图 7–4　快传号 AI 配图三次回答

在输入关键词之后，快传号 AI 配图生成的图片和内容是不搭的。换另外一种调试方式进行调试，输入“一个坐在书桌前，戴着眼镜的男子，靠近窗边，手握钢笔写作，细节丰富"。生成的图片如图7-5所示。

图7-5 生成的图片

可以看到，按照详细的语言、动作和场景描述，快传号AI配图生成的图片很符合要求。

快传号AI配图的官方标准要求是主体词+细节词+修饰词。但在自媒体文章创作过程中，每张图片都靠AI配图生成，难度极大，且调试也需要耗费大量时间。建议用AI配图生成精准、特殊图片，其他图片在互联网检索即可。

同时，快传号AI关键词可以辅助创作者创作时事热点文章。时事热点文的创作，需要关注时下热门的新闻事件和社会问题，并从不同的角度和层面进行深入分析和解读。为了更好地进行创作，我们可以借助快传号AI关键词辅助创作工具，提高创作的效率和准确性。

我们需要确定时事热点文的创作主题和方向。这可以通过快传号AI关键词辅助创作工具中的热点事件和关键词推荐功能来实现。这些热点事件和关键词通常来自最新的新闻报道和社会舆论，具有很高的关注度和影响力。

我们可以根据确定的主题和方向，开始进行时事热点文的创作。在创作过程中，我们可以借助快传号AI关键词辅助创作工具提供的关键词联想和语义分析功能，快速生成符合主题的内容，提高创作的效率和质量。

同时,我们还需要注意时事热点文的时效性和针对性。由于时事热点文需要紧跟时事和社会问题的发展变化,因此需要及时更新和调整文章的内容和观点。此外,由于读者的需求和关注点不同,我们需要根据不同的受众群体进行有针对性的创作,以满足不同读者的需求。

我们还需要对创作的时事热点文进行审阅和修改。这可以通过快传号 AI 关键词辅助创作工具中的智能校对和语法检查功能来实现。这些功能可以帮助我们发现文中的错误和不规范之处,提高文章的质量和准确性。

7.2 爆款文章三要素:标题、配图和大纲结构

要想写出一篇爆款文章,必须具备三要素,标题、配图和大纲结构。爆款文章三要素如图 7-6 所示。

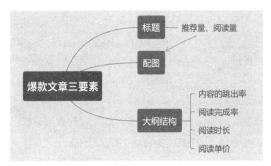

图 7-6 爆款文章三要素

一篇文章想要成为爆款,标题和配图的重要性不言而喻。在不知道文章内容的前提下,读者如何点击阅读?要看文章标题是否具备吸引力、是否有热点内容、是否能够戳中读者的痛点,还要看文章配图是否

与文章内容相关、是否有视觉冲击力。当这两点都能满足读者的诉求时，读者才会点击阅读。

题目与配图决定文章的推荐量和部分阅读量。大纲结构决定内容的跳出率、阅读完成率、阅读时长和阅读单价。文章如果想被更多人阅读，题目和配图就要好。想让文章有钱赚，大纲结构也要好。

我们在第三章介绍了 10 个让标题吸睛的小技巧和 5 款结构搭建，大家可以回顾一下，在实践中应用看一下调试效果。

7.3 盘点体干货文，易撰标题、内容全方位打造

盘点体文章可以用易撰一键打造。把文章选题定为：孩子学习不好的 5 点原因，打开易撰官网，点击左侧的 AI 创作界面，并对易撰进行内容调试。

提问： 孩子学习不好的 5 点原因。

易撰回答：
孩子学习不好的原因可能有很多，以下列出 5 点可能的原因。

1. 缺乏学习动力：孩子可能对学习没有足够的兴趣和动力，导致他们缺乏学习的积极性和主动性。

2. 不良的学习习惯：孩子可能没有养成良好的学习习惯，如不按时完成作业、不认真听讲等，影响他们的学习效果。

3. 注意力不集中：孩子可能容易分心，无法集中精力在学习上，导致学习效果不佳。

4. 情绪问题：孩子可能面临情绪问题，如焦虑、抑郁等，影响他们的学习状态。

5. 家庭环境不佳：家庭环境可能对孩子的学习产生负面影响，如家庭不和、缺乏学习资源等。

这些原因可能会单独或共同影响孩子的学习效果。为了改善孩子的学习状况，家长和老师需要关注这些因素，了解孩子的具体情况，并采取适当的措施，如激发孩子的学习兴趣、培养良好的学习习惯、提高孩子的注意力、关注孩子的情绪健康以及改善家庭环境等。同时，也要给孩子足够的支持和鼓励，帮助他们克服学习困难，实现更好的学习效果。

提出问题： 对第 5 点家庭环境的问题进一步扩充。

易撰回答：

在孩子成长的过程中，一些负面或消极的家庭环境可能会影响孩子的学习。包括以下几点因素。

1. 家庭冲突和紧张氛围：家庭中的冲突和紧张氛围可能导致孩子无法集中精力学习。这种环境下的孩子往往缺乏安全感，导致他们无法专注于学校任务。

2. 缺乏学习支持：如果家庭没有提供足够的学习支持，如父母不关心孩子的学习进度、不帮助孩子解决学习问题等，可能会影响孩子的学习效果。

3. 父母溺爱或放任不管：溺爱孩子可能会使他们无法学会自我管理和自我激励。而如果父母对孩子的学习完全放任不管，孩子可能无法形成良好的学习习惯和态度。

4. 家庭经济压力：经济压力可能会使孩子在学习时分心，担心自己的家庭无法承担教育费用等。

5. 缺乏鼓励和肯定：如果孩子在家庭中得不到足够的鼓励和肯定，他们可能在学习上感到挫败，缺乏自信。

6. 父母的教育方式和理念：父母的教育方式和理念也会影响孩子的学习。如果父母过于注重成绩或对孩子的期望过高，可能会导致孩子产生压力和焦虑。

7. 家庭暴力或虐待：家庭暴力或虐待不仅会导致孩子的心理创伤，还会影响他们的学习和行为。

这些负面或消极的家庭环境因素可能会对孩子的认知、情感和社会发展产生负面影响，进而影响他们在学校的表现。为了给孩子提供一个良好的学习环境,建议家长努力营造一个和谐、稳定、支持的家庭氛围,关注孩子的学习需求,适度引导和鼓励,以及建立良好的亲子关系。

可以看到,易撰没有关联上下文内容,其扩充内容只是针对我们提出的这些问题。所以在内容无法关联的前提下,就必须保证提出的问题具备关联性。

那既然最开始我们选定的话题是孩子学习不好的 5 点原因,而易撰给出了关于家庭环境问题的分析,那么我们继续问家庭环境相关问题,以此来保证问题具备关联性。

> **提出问题:** 家庭环境问题,是如何影响孩子学习的?

易撰回答:

家庭环境对孩子的成长和学习有着深远的影响。以下是一些家庭环境问题以及它们如何影响孩子学习的方式:

1. 家庭氛围:家庭氛围是影响孩子学习的重要因素。一个充满爱和支持的家庭氛围可以激发孩子的学习热情,提高他们的学习动力。相反,家庭冲突、紧张或冷漠的氛围可能会分散孩子的注意力,影响他们的学习专注力。

2. 父母的教育方式和参与度:父母的教育方式和参与度对孩子的学业成绩具有直接的影响。家长的教育水平、教育理念以及对孩子学习的关注程度,都会影响孩子的学习态度和学习习惯。如果家长能够提供良好的学习环境和适当的指导,孩子的学习效果往往会更好。

3. 家庭经济状况:家庭经济状况也会影响孩子的学习。家庭经济条件较好的孩子可能更容易获得丰富的学习资源和机会,如优质的教育材料、辅导班和培训机构等。相反,家庭经济条件较差的孩子可能面临学习资源的限制,这可能会影响他们的学习效果。

4. 家庭文化:家庭文化也是影响孩子学习的一个重要因素。如果家庭注重文化、艺术和科学等方面的教育,孩子往往更容易形成良好的学习习惯和态度。相反,如果家庭文化中缺乏对教育的重视,孩子可能对学习的态度相对较为淡薄。

5. 情感支持与关注：孩子在学习的过程中需要情感的支持和关注。如果家庭能够提供足够的情感支持，孩子在学习中遇到困难时能够得到鼓励和帮助，他们往往能够更好地应对学习挑战。相反，如果家庭无法提供情感支持，孩子可能会感到孤独和无助，这会影响他们的学习积极性和效果。

综上所述，家庭环境问题对孩子的学业产生深远的影响。为了创造一个有利于孩子学习的家庭环境，家长需要关注以上因素，努力营造一个和谐、稳定、支持的家庭氛围，提供良好的学习资源和指导，以及给予孩子足够的情感支持和关注。同时，也要注意自身的教育方式和理念，以身作则，引导孩子形成良好的学习习惯和态度。

以此类推，针对生成的5点原因依次提问，要求易撰做内容扩充，就能够生成相应的盘点体文章。

针对此次调试，我补充说明以下几点内容。

1. 文章形式与风格。易撰生成的文章主要采用盘点体的形式。当涉及观点阐述时，易撰会以盘点体的结构进行展示。在众多人工智能辅助工具中，易撰是少数自带盘点体生成技能的人工智能。

2. 服务对象与针对性。易撰专攻自媒体领域。过去，其主要服务对象为作者和读者。在涉及广泛流量的文案变现中，易撰的效果相对其他平台更为优秀。

3. 上下文关联问题。易撰在处理上下文关联时可能会出现问题。为了确保上下文关联的准确性，建议采用与问题相关的方式向易撰提问。

Chapter 08
第八章

小红书爆款笔记 AI 创作实战

本章讲的是纯粹的商业文案变现内容，通过文案把产品卖出去或增加产品的曝光率，并让读者对该产品产生好感。因为无论是和甲方进行商业对接，还是卖货赚取佣金，都不能够实现利润最大化。

那么，小红书爆款笔记和知乎种草文有何区别？这两类都属于商业文案变现，为什么不能合二为一？关于这一点，我们会在第九章详细讲解，也希望大家能带着问题阅读第八章和第九章。

此外，第八章与第九章是本书的重点实操内容，我会以**市面上的手机产品为例做种草宣传，教大家如何通过文案进行变现**。因为当下数码家电的文案变现能力非常强，尤其是赶上"618""双十一"等活动时，**一篇优秀文案的变现收入相当可观**。

8.1 Effidit 文笔润色、降重、原创"三部曲"

我们先让秘塔写作猫生成如下文案。

> 小米 11 是一款性价比较高的智能手机，其待机时间也相对较长。以下是关于小米 11 待机时间长和性价比高的具体分析。
>
> 首先，小米 11 的待机时间相对较长。我基本一天两充，手机电池容量很大，充电速度也非常快。此外，小米 11 还支持快速充电技术，充电速度较快，可以快速恢复电量，满足用户长时间使用的需求。
>
> 其次，小米 11 的性价比较高。虽然小米 11 的价格相对较低，但是它的性能和配置并不逊色于其他品牌的旗舰手机。小米 11 搭载了骁龙 888 处理器，拥有 6.81 英寸的 AMOLED 全面屏，屏幕分辨率高达 3200×1440 像素，显示效果非常出色。
>
> 总的来说，小米 11 是一款性价比较高的智能手机，待机时间也相对较长，能够满足大部分用户的需求。如果你在寻找一款性价比高、待机时间长的手机，可以考虑小米 11。

以秘塔写作猫生成的文案为基础，巧妙借助 Effidit 做文笔润色，进行降重、原创操作。

第1步，文本填充，句子补全功能。

续航："我基本一天两充，手机电池容量很大，充电速度也非常快。"

把这句话复制粘贴到 Effidit，点击"句子补全"中的"网络素材"，要求其生成网络上相关联的素材，在文案变现中添加干货。然而，Effidit 可能对该款手机信息了解不足，导致生成的素材中出现一些错误或与主题不相关的内容。所以需要在网络中查找已有的关键词进而引申出关键信息。

> **Effidit 回答：**
>
> 与续航焦虑紧密相关的还有充电速度，虽然电池容量不能无限扩展，但充电速度可以大幅提升。《为了降低手机续航焦虑，厂商都做了哪些努力？》
>
> OPPO Reno3 的电池容量为 4025 毫安，支持 30W 的快充，手机的充电速度并不算太快，电池容量也不是特别大。《OPPO Reno3 让位新旗舰，45 万分＋轻薄机身，价格大降 800 元！》

只把特定的句子输入 Effidit，它生成的关键信并没有指代性。所以在"续航"这个关键词中，我们需要添加小米手机的信息，添加后如下。

小米手机续航："我基本一天两充。手机电池容量很大，充电速度也非常快。"

> **Effidit 回答：**
>
> 小米 11 这款手机搭载的电池容量以及充电速度都比红米 K40Pro 手机更快一些。《2021 年"618"期间，小米 11 和红米 K40Pro 这两款手机之间该如何选择？》
>
> 在两款手机电池容量均为 5000 毫安的基础上，当然是选择充电速度

更快的手机，毕竟老人家没有边用手机边充电的习惯。《红米 Note10 和红米 Note11 相比较，哪款更适合家里老人使用？》

此时，在 Effidit 的生成界面中，关于小米手机充电续航的内容会略多一些了，但也会出现关于红米手机相关的充电续航的介绍。所以我们仍然需要进一步调试。

在界面的输入栏中输入"小米手机续航能力"。

Effidit 回答：

众所周知，小米手机续航一直是一个有争议性的话题，2018 年的小米 8，2019 年的小米 9，续航都是比较差的。《实测小米 10 续航能力，居然比不过荣耀 30！》

一般而言，小米手机续航实力都比较好，这是小米手机研发工程师的基调，可以允许手机笨重一点，但续航和充电速度不能输给对手。《用 1799 元买了小米 10，有一点瑕疵，比新款划算》

我们不需要展开讲小米 8 和小米 9 的续航能力，因为文案变现只需要告诉大家小米 11 的续航能力有多棒，而不是和市面上的各种手机全都进行横向对比。所以仍然需要进一步调试，把"小米手机续航能力"调整为"小米 11 手机续航能力"。

Effidit 回答：

手机续航能力提高方法。《手机续航能力》
手机续航能力影响因素。《手机续航能力》
手机续航能力简介。《手机续航能力》

可以看出，输出的内容没有与小米 11 手机相关的信息介绍。

出现这种情况的主要原因有三点，具体如下。

其一，小米 11 不是最新机型，所以相关的网络素材检索容易出现问题，检索最新款的手机，则很容易找到相关信息。

其二，在"网络素材"界面，书名号中间的内容是可以点击的链接。想查询该信息，只需要点击对应链接就能够一键跳转，非常方便进行内容信息检索。

其三，一旦 Effidit 无法检索到小米 11 的相关信息时，它会补充其他手机续航能力的信息，所以我们在内容输出时可以与其他手机做横向对比，来详细了解续航问题。

但即便如此，我们仍然无法通过 Effidit 实现内容补充或信息检索。此时需要运用 Effidit 的智能生成功能，该功能可以综合网络上能够检索到的关键信息，对相关产品做详细叙述。

> **Effidit 智能生成回答：**
> 　　小米 11Ultra 和小米 11 青春版，两款手机都搭载骁龙处理器，性能方面不相上下，那么这两款手机到底该怎么选呢？下面我们一起来看看吧！
> 　　小米 11 青春版采用 6.55 英寸 AMOLED 屏幕，支持 90Hz 刷新率，搭载骁龙 780G 处理器，前置 2000 万像素摄像头，后置 6400 万像素镜头。
> 　　小米 11 系列手机在国内市场的销量非常火爆，而且还获得了不错的口碑。

可以看到，重新生成的相关信息全部是小米 11 的，当然这中间也包括小米 11 的其他品牌型号。但无法与小米 11 手机的续航能力做直接关联，这种检索更类似于对关键信息的关键词的补充检索。

第 2 步，文本润色，一键生成功能。

利用 Effidit 的文笔润色功能，并不能直接生成我们需要的内容，却可以经过调试对生成的内容进行补充。

续航："我基本一天两充。手机电池容量很大，充电速度也非常快。"

要求 Effidit 对文案进行文本润色，可以起到**优化、原创、降重**的功效。选择我们不满意的句子、段落，点击"文本润色"就可以进行优化，该操作能节省大量时间。文本润色功能如图 8-1 所示。

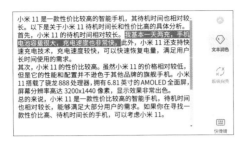

图 8-1 文本润色功能

除此之外，Effidit 改写不仅具备基本的改写功能，还提供古文和现代文之间的相互转换。对于需要展现文学功底的文案创作，用户可以直接一键生成符合要求的文本内容。普通改写功能如图 8-2 所示。

图 8-2 普通改写功能

第 3 步，关键词专一检索功能。

Effidit 的超级网点功能非常实用。在使用这一功能时，用户只需在句推荐的文本框中输入关键词，系统就会自动搜索并收集与关键词相关的素材，大大节省了用户查找资料的时间和精力。超级网典如图 8-3 所示。

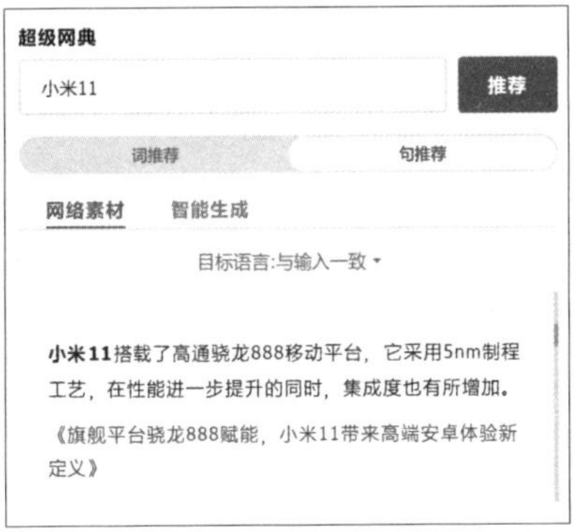

图 8-3 超级网典

超级网点功能在生成内容时，更侧重于根据用户输入的关键词来展示相关的信息，包括正面和负面的信息。这种全面的信息展示方式，虽然有助于用户了解不同观点，但也意味着用户需要自行筛选和判断哪些信息是适用于文案的。

在使用超级网点功能时，确实需要谨慎对待展示的信息。尤其是当文案中引用过多的负面信息时，可能会降低文案的表现力和吸引力。这就需要用户在使用超级网点功能时，要对信息进行筛选和利用，确保最终呈现的文案内容积极、正面，能够吸引目标受众。

8.2 小红书种草文案，秘塔写作猫一键对标

在小红书平台上，种草文案是一种非常流行的内容形式，旨在通过分享个人使用心得和体验，激发消费者的购买欲望。虽然秘塔写作猫可以一键生成种草文案，但是要想获得爆款和高佣金，甚至通过一篇爆款文案实现财富自由，并不是简单地发布文案就能实现的。

虽然可以用秘塔写作猫一键对标小红书的种草文案，但大家仍然要牢记本书的核心：**人工智能只是辅助创作，真正的核心创作能且只能由创作者完成。**

既然是种草文案，就需要先把"草"给大家解释清楚，那"草"是什么呢？

假设这篇种草文案讲的是手机，以小米 11 青春版为例，让秘塔写作猫写一篇关于小米 11 青春版手机的种草文案，看看效果如何。

完成初步的种草，需要四步流程。初步种草流程如图 8-4 所示。

图 8-4 初步种草流程

第 1 步,标记介绍产品。在"产品名称"文本框中输入我们需要介绍的产品名称。输入产品名称如图 8-5 所示。

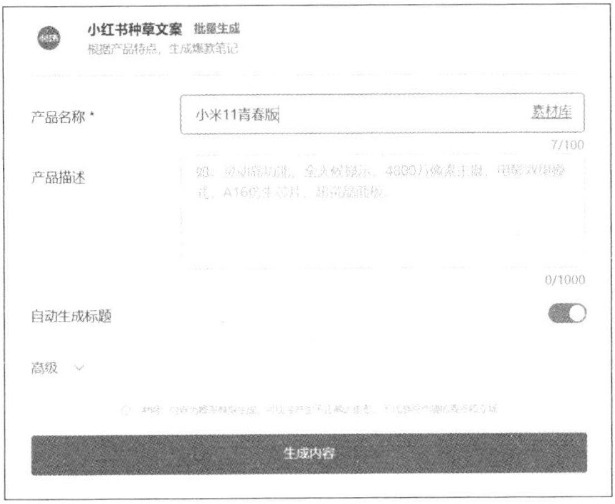

图 8-5 输入产品名称

第 2 步,补充额外介绍。在"产品描述"文本框中补充产品的相关介绍。

以小米 11 青春版为例,在文本框中输入相关内容。机身颜色选择清凉薄荷,存储容量选择 8GB+256GB,套餐类型选择官方标配。输入产品描述如图 8-6 所示。

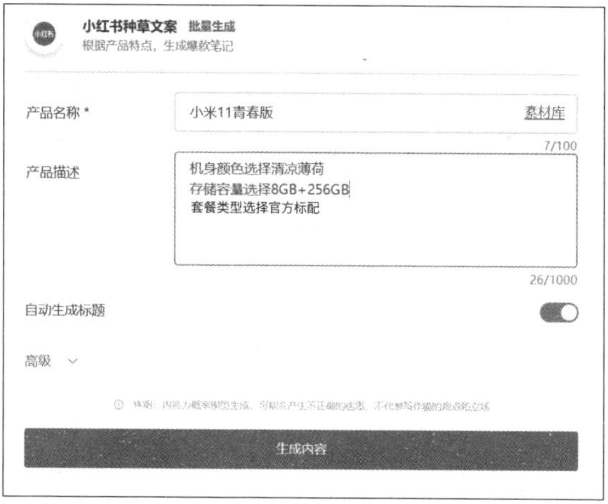

图 8-6 输入产品描述

第 3 步，生成标题。

对于部分新手来说，不太建议手动输入文案标题，可以点击"自动生成标题"按钮，一键生成标题。

第 4 步，生成内容。

紧随其后，我们先点击"生成内容"。小红书种草文案生成如下。

> 小米 11 青春版手机测评。
>
> 薄荷绿是我的最爱，蓝色也很好看。
>
> 我买的是 8GB+128GB 版本，3199 元，还送了一个手机壳。
>
> 关于系统：系统是 MIUI12，刚开始用有点不习惯。这个是我同学的妈妈给我推荐的，她自己用过好几款小米系列的产品了。她说还挺好用的，所以推荐给我。
>
> 关于充电：充电很快，不到 1 个小时就能充满。电池容量也够大，听歌和打游戏都没有问题。
>
> 关于拍照：前置相机是 2000 万像素，后摄是 6400 万像素。前摄是超广角和微距镜头，能满足日常拍照需求。
>
> 关于游戏：王者荣耀、和平精英和飞车等游戏，都能开高帧率模式。
>
> 关于重量：机身很薄，重量很轻，约 159g，手感不错！

这个价格能买到这款手机,性价比还是挺高的。如果不是游戏发烧友或者拍照需求大的朋友可以入手哦!

可以看出,上述文案达不到爆款文案的水平。我们需要在此基础之上,继续进行调试。

秘塔写作猫生成的文案存在的 4 个问题如图 8-7 所示。

图 8-7 秘塔写作猫生成的文案存在的 4 个问题

1. 内容太干

小红书是一个非常特殊的电商平台,它主要依赖于时尚、美妆和生活方式等领域的分享和推荐。与其他电商平台不同,小红书的用户更注重产品的体验感、时尚感和美妆相关度。

在这个平台上,单纯的科普论文无法有效地推动产品销售,因为用户更希望看到的是真实的体验和感受。

作为内容创作者,我们该如何对人工智能生成的该段文案进行调试呢?具体如下。

(1)在开头、中间或结尾增加真实或虚拟购物体验。

(2)在进行产品性能介绍时,增加个人体验感,用第一人称叙述。

(3)扩大购物体验感覆盖面,由"我感觉"变为"让你感觉"。

调试步骤①:在秘塔写作猫的产品描述中增加"选择了性价比更高的小米 11 青春版""我的购物体验"。

调试步骤②：在秘塔写作猫的产品描述中增加"让你感觉"的相关话术"采用第一人称叙述方式"，重新生成种草文案。

秘塔写作猫回答：

小米 11 青春版是我自己买的，我很喜欢，手机的手感很好，然后那个颜色也很好看，清凉薄荷，非常清爽。它有 8GB+128GB 和 8GB+256GB 两个版本，我选择了 8GB+256GB 版本。它支持 33W 有线快充，4250mAh 电池容量，这方面还是非常不错的。

机身重量是 159g，这个重量刚刚好。手机的屏幕尺寸是 6.55 英寸，采用 AMOLED 柔性直屏，支持 90 Hz 刷新率和 240Hz 触控采样率。屏幕指纹识别采用的是屏下指纹识别方案。

拍照方面，它有后置三摄组合，6400 万像素超清主摄、800 万像素超广角镜头和 500 万像素长焦微距镜头。前置相机是 2000 万像素，支持智能美颜等功能。

整体来说，小米 11 青春版是一款不错的手机，价格也不贵，性价比非常高！

调试步骤③：进行手动调试，增加内容可读性，在上述内容中增加口语化表达，拉近与读者距离，激发读者购买欲望。

调整后的最终版本如下。

我选择了小米 11 青春版手机。考虑到性价比和我的使用需求，我最终选择了 8GB+256GB 配置。虽然我不玩游戏，平日里用手机也是以看视频为主，但对于手机配置，我仍然有要求，想找一款颜值在线，配置够硬，物美价廉的机型。

对比了几款手机后，我决定购买小米 11 青春版，因为它在颜值、手感、续航和拍照方面表现都很出色，而且价格实惠，性价比很高。虽然屏幕比我之前使用的略小一些，但对于女生来说，正合适。最吸引我的是它的轻薄手感，拿在手里感觉像拿着一张纸片一样轻巧！此外，这款手机的配色很棒，非常清新漂亮。我在实体店看过真机后，毫不犹豫地买了这款手机。

2. 评测内容死板

小红书主打的是购物推荐以及产品评测，秘塔写作猫生成的产品评测内容太过生硬、死板，给出的相关数据在互联网平台上只要检索就能找到，不具备优势。

作为内容创作者，我们该如何对人工智能生成的该段文案进行调试呢？具体如下。

（1）语言圆润，争取走通俗易懂的路线。

（2）产品介绍时，采用专业化的语气，从专业角度解读产品。

（3）多强调产品的优势和横向比较中的突出表现。

调试步骤①：在秘塔写作猫的产品描述中增加"口语化表达""诙谐、幽默、有趣味性"，重新生成种草文案。修改产品描述如图 8-8 所示。

图 8-8 修改产品描述

秘塔写作猫回答：

小米 11 青春版开箱评测：轻薄机身，手感细腻，颜值不错！第一时间拿到的就是这款清凉薄荷的颜色，给人一种很青春的感觉，非常符合年轻一代的审美。机身厚度为 6.81 mm，重量为 159g，屏幕尺寸为 6.55 英寸，分辨率为 2400×1080，像素密度为 402 ppi，存储容量为 8GB+256GB。

拍照方面：后置三摄，6400 万像素超清主摄 +800 万像素超广角 +500 万像素长焦微距镜头；前置 2000 万像素高清镜头。4250mAh 电池，支持 33W 有线快充。续航能力还是很给力的，轻松使用一天没问题。

其他方面：有立体声双扬声器、NFC、红外遥控等，另外还支持 5G 双卡双待，双 Wi-Fi 加速技术。

调试步骤②：在秘塔写作猫的产品描述中增加"介绍手机型号时具备权威性""多强调产品的优势"，重新生成种草文案。修改产品描述如图 8-9 所示。

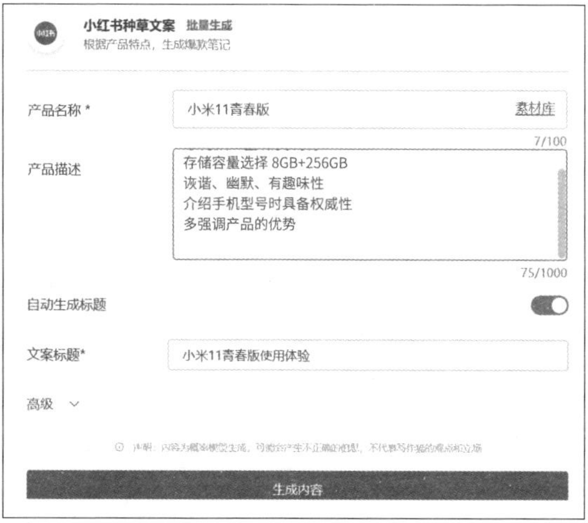

图 8-9 修改产品描述

秘塔写作猫回答：
　　小米 11 青春版评测！
　　小米 11 青春版手机以其轻薄的设计和出色的性能受到了广泛关注。接下来，让我们一起揭开这款手机的神秘面纱。
　　当我打开包装盒，首先映入眼帘的是小米 11 青春版的真机。这款手机的外观设计简约时尚，轻盈的机身让人一见倾心。机身厚度仅有

6.81mm，重量为 159g，轻巧的身材让人爱不释手。

手机正面采用四边等宽设计，边框极窄，使得整个屏幕看起来非常完整。顶部有一个小的开口，这是扬声器的开孔。手机背部采用了 AG 玻璃工艺，手感细腻丝滑，视觉效果也非常出色。此外，这款手机还提供了多种颜色供用户选择，如清凉薄荷、樱花粉等，满足了不同用户的个性化需求。

在屏幕方面，小米 11 青春版配备了一块 6.55 英寸 AMOLED 屏幕，分辨率为 2400×1080，支持 90Hz 刷新率和 240Hz 触控采样率。这样的配置使得屏幕显示效果非常出色，无论是看视频还是玩游戏，都能呈现出流畅细腻的画面。

性能方面，小米 11 青春版搭载了高通骁龙 780G 处理器，配备了 4250mAh 电池，支持 33W 快充技术。这样的配置足以满足日常使用需求，无论是工作、学习还是娱乐都能轻松应对。

此外，小米 11 青春版还配备了前置 2000 万像素摄像头和后置 6400 万像素主摄 +800 万超广角 +500 万长焦微距镜头，拍照效果非常出色。无论是自拍还是拍摄风景都能呈现出清晰细腻的画面。同时，该机还支持 3.5mm 耳机接口、NFC 和红外遥控功能等实用功能。

总的来说，小米 11 青春版是一款非常全面的手机，不仅外观颜值高，屏幕、拍照、续航等方面的表现也非常出色。如果你正在寻找一款性价比高的手机，小米 11 青春版是一个不错的选择。

调试步骤③：在上述内容中增加可读性表达，减少部分权威性话术，因为秘塔写作猫权威话术很容易不受控，变成使用说明书，所以此处需要我们再进行手动调试，增加内容可读性，拉进与读者的距离，激发读者的购买欲望。

调整后的最终版本如下。

今天为大家带来的是小米 11 青春版的评测。这款手机以其轻薄的设计和出色的性能受到了广泛关注。接下来，让我们一起深入了解这款手机的各项表现。

1. 外观设计：小米 11 青春版在外观设计上延续小米手机的简约风格，采用了一体化的玻璃背板，手感非常顺滑。机身厚度仅有 6.81mm，重量为159g，非常轻薄，长时间握持也不会感到疲劳。配色方面，除了经典的白色和黑色，还提供了樱花粉、清凉薄荷等多种时尚色彩供用户选择，满足了不同用户的个性化需求。

2. 屏幕表现：小米11青春版配备了一块6.55英寸AMOLED屏幕，分辨率达到了2400×1080，显示效果非常出色。色彩还原度很高，对比度也很强，无论是看电影、玩游戏还是日常使用都能获得很好的视觉体验。此外，这块屏幕还支持90Hz的刷新率，让操作更加流畅。

3. 性能表现：小米11青春版搭载了高通骁龙780G处理器，性能表现非常出色。在游戏方面，运行游戏毫无压力，帧率稳定，没有出现明显的掉帧现象。

4. 拍照功能：小米11青春版在拍照方面也表现出色。后置摄像头采用了6400万像素主摄+800万像素超广角+500万像素长焦微距，可以满足各种拍摄场景的需求。在白天光线充足的情况下，拍照效果非常出色，色彩鲜艳，细节丰富。在夜间拍摄时，通过夜景模式也能获得比较清晰的照片。此外，前置摄像头为2000万像素，支持多种美颜功能，自拍效果非常好。

5. 续航能力：小米11青春版内置了一块4250mAh的大电池，续航能力非常强大。经过实测，在日常使用中可以轻松应对一天的需求，而如果使用得较少，甚至可以用两天。此外，该机还支持33W快充技术，充电速度非常快。

6. 其他配置：除了上述的优点外，小米11青春版还有其他值得称赞的配置。例如，它配备了立体声双扬声器，音质表现非常出色，无论是听音乐还是看电影都能获得很好的听觉体验。此外，该机还支持NFC功能，可以用来刷公交卡和门禁卡等。红外遥控功能则可以让手机变成万能的魔法棒，控制家里的各种电器设备。

总的来说，小米11青春版是一款非常出色的手机，其轻薄的机身、出色的性能、拍照效果和续航能力都让人印象深刻。如果你正在寻找一款性价比高的手机，不妨考虑一下小米 11 青春版。

3. 无用户体验度

小红书需要考虑用户同理心，也就是常说的用户体验度，但是秘塔写作猫并不能生成相关文字。

作为内容创作者，我们该如何对人工智能生成的该段文案进行调试呢？具体如下。

（1）语言要求更高，更具圆润性，更通俗易懂。

（2）站在用户角度剖析产品，从用户角度想问题。

（3）多用"让你""使你"相关字眼，让用户有参与感。

调试步骤①：在秘塔写作猫的产品描述中增加"口语化表达""从用户角度剖析产品""从用户角度想问题"，重新生成种草文案。修改产品描述如图 8-10 所示。

图 8-10 修改产品描述

秘塔写作猫回答：

这次我拿到的小米 11 青春版，它的机身颜色是清凉薄荷，我个人非常喜欢这种浅浅的颜色。从机身厚度来看，这款手机比 Redmi Note 9 Pro

更薄，显得更加轻盈。

在存储方面，小米 11 青春版提供了 8GB+128GB 和 8GB+256GB 两种选择。因为我平时喜欢用手机看剧、刷短视频和拍照，所以我选择了 8GB+256GB 的版本。如果你是一个游戏爱好者，或者需要存储大量的照片和视频，那么 8GB+256GB 的版本会更加适合你。

电池方面，小米 11 青春版拥有 4250mAh 的电池，同时支持 33W 快充技术。根据我个人的使用习惯，一天一充完全足够应对日常使用。

至于影像方面，小米 11 青春版的前置摄像头是 2000 万像素，后置为 6400 万超清主摄 +800 万超广角 +500 万长焦微距镜头。这样的配置足以应对各种拍摄场景，无论是日常随拍还是远摄，都能得到清晰、色彩饱满的照片。

总的来说，小米 11 青春版在轻薄设计、续航、存储和拍照方面都给我留下了深刻印象。如果你正在寻找一款外观时尚、性能出色的手机，不妨考虑一下这款手机。

调试步骤②：手动调试将上述内容增加用户体验度，理论上来说，用户体验度是文案变现中难度较大的部分，为了方便大家理解，我在这里给大家展示一下用户体验究竟该怎样写。

调整后的最终版本如下。

小米 11 青春版的使用体验非常出色，让我愉快地享受智能手机的乐趣。以下是我对各方面的体验描述，相信会让你对这款手机充满期待的。

1. 机身颜色选择：我选择了清凉薄荷的颜色，这种清新的颜色给人一种凉爽的感觉，非常适合夏季使用。每次拿出手机，都会引来同事们的羡慕目光。

2. 存储容量选择：我选择了 8GB+256GB 的配置，这个组合给予我足够的存储空间，我可以下载应用、存储大量照片、视频、文件等，而不必担心空间不足的问题。

3. 屏幕：小米 11 青春版配备 6.55 英寸屏幕，拥有惊人的 90Hz 刷新率和240 Hz触控采样率，给我带来了流畅而细腻的触控体验。每一帧画面都如丝般顺滑，让我享受沉浸式的娱乐体验。

4. 拍照能力：这款手机不仅在性能上很出色，拍照能力也令人惊喜。前置2000万像素自拍镜头以及后置6400万像素主摄、800万像素超广角和500万像素长焦微距镜头，能够捕捉清晰、生动的照片。无论是风景照还是人物照，都能轻松拍摄。

5. 外观设计：小米11青春版采用6.55英寸柔性AMOLED直屏，高分辨率、支持DCI-P3色域，让每一幅画面都展现出细腻的色彩和出色的对比度。侧边指纹识别功能方便快捷，让我无需烦琐的解锁操作，快速进入手机。

6. 性能表现：搭载高通骁龙780G处理器，小米11青春版在性能方面非常出色。5nm EUV工艺制程，加上VC液冷散热系统和多层石墨结构的导热凝胶，使手机在长时间使用时也能保持良好的散热性能，不会出现过热问题。无论是日常应用还是高负荷打游戏，都能流畅运行。

7. 续航能力：内置4250mAh电池和33W有线快充功能，让我无需频繁充电。这样我就能更长时间地使用手机而不必担心电量耗尽。

总的来说，小米11青春版给了我出色的使用体验。如果你正在寻找一款性能强大、拥有优秀摄影能力、外观时尚并具备出色续航的手机，我强烈推荐小米11青春版。它将为你带来无与伦比的体验！现在就前往购买吧！

4. 没有相关链接

小红书文案变现需要引导读者从特殊渠道对产品进行检索或购买，所以需要有相关链接，而秘塔写作猫没有考虑这一点。

作为内容创作者，我们该如何对人工智能生成的该段文案进行调试呢？具体如下。

（1）增添购买链接或小清单（小红书专属，其他平台也可增加对应的购物链接）。

（2）增加购物引导语，激发读者购买欲望。

（3）语言圆润，通俗易懂且具备趣味性。

调试方式：秘塔写作猫没有购物链接添加的相关调试功能，未来软件升级迭代后有一定概率具备该功能。我们只需要在上一文案的中间靠后挂载对应链接即可，此处不做过多讲解。

我们再来总结一下，秘塔写作猫是对网络上的相关信息进行整合，然后供读者阅读。但这种机械式的阅读并不能够带来直接的购买体验。

此外，秘塔写作猫还提供了一些高级功能，如选择语气、文案长度、生成话题等。高级功能如图8-11所示。

图8-11 高级功能

选择语气功能包括口语、专业和热情等选项，这些不同的语气选项可以满足不同情境下的文案需求，让文案更具表现力和针对性。

例如，在广告文案中，我们可以选择使用口语功能，让文案更加生动有趣，吸引消费者的注意力；在科技类文章中，我们可以选择使用专业功能，增强文章的可信度和权威性；在服务类文章中，我们可以选择使用热情功能，让读者感受到企业的热情和关怀。

总之，通过灵活运用秘塔写作猫的不同语气选项，我们可以更好地满足读者的需求，提升文案的表现力和感染力。同时，我们还可以根据不同的场景和目标受众，选择最合适的语气选项，让文案更加精准和有针对性。

8.3 讯飞星火、通义千问、天工种草文案真实测评

首先确定种草文案的关键词：小米 11 青春版、性价比高、手机续航。

提问： 帮我写一份种草文案，关键词为小米 11 青春版、性价比高、手机续航。

讯飞星火认知大模型回答：

小米 11 青春版，性价比之王！

这款手机不仅拥有出色的性能和流畅的操作体验，还具有超长续航能力。无论是日常使用还是游戏娱乐，都能满足你的需求。

小米 11 青春版采用最新的骁龙 780G 处理器，配备 6.55 英寸 AMOLED 显示屏，让你享受更加清晰、细腻的画面。同时，它还支持 90Hz 刷新率和 240Hz 触控采样率，让你的游戏体验更加顺畅。

在电池方面，小米 11 青春版搭载 4250mAh 大电池，并支持 33W 快充技术，让你无需担心电量不足的问题。而且，它还支持智能省电模式和超级省电模式，让你的手机续航时间更长。

总之，小米 11 青春版是一款性价比很高的手机，它的性能、屏幕、电池等方面都表现出色。如果你正在寻找一款性价比超高的手机，那么小米 11 青春版绝对是你的不二选择！

通义千问回答：

如果您正在寻找一款性价比高的手机，那么小米 11 青春版绝对是您的不二之选。

小米 11 青春版配备高通骁龙 780G 处理器，采用 6.55 英寸的 AMOLED 屏幕，支持 90Hz 的刷新率和 240Hz 的触控采样率，带来流畅、顺滑的使用体验。同时，它还拥有出色的相机系统，采用后置三摄设计，包括一个 6400 万像素的主摄像头、一个 800 万像素的超广角摄像头和一个 500 万像素的微距摄像头，让您随时随地拍出高质量的照片和视频。

此外，小米 11 青春版还拥有出色的手机续航能力，内置 4250mAh 的大容量电池，支持 33W 的快充技术，可以轻松满足您的一天使用。它的设计时尚和简约，非常适合时尚人士使用。

综合来看，小米 11 青春版不仅拥有出色的性能，还具备出色的续航能力，可以说是一款性价比非常高的手机。如果您正在寻找一款物美价廉的手机，那么小米 11 青春版绝对是您的不二之选！

天工回答：

以下是我为您写的小米 11 青春版种草文案。

小米 11 青春版，一款性价比超高的手机，不仅性能强，还拥有出色的续航能力，让您的手机使用时间更长。

首先，小米 11 青春版搭载高通骁龙 780G 处理器，性能强，运行速度快，无论是日常使用还是玩游戏，都能够满足您的需求。同时，小米 11 青春版配备的存储空间，可以确保手机运行的流畅性。

其次，小米 11 青春版的屏幕也非常出色，采用 6.55 英寸的 AMOLED 屏幕，分辨率达到 2400×1080，显示效果清晰细腻，色彩鲜艳。此外，小米 11 青春版还支持 90Hz 的刷新率和 240Hz 的触控采样率，让您的手机操作更加流畅。

最后，小米 11 青春版的续航能力也非常出色，搭载 4250mAh 的电池，支持 33W 的快充技术，可以快速充满电，让您使用手机的时间更长。

总之，小米 11 青春版是一款性能强、屏幕出色、续航能力强的手机，是您购买手机的不二选择。

可以看到，这三款大厂人工智能生成的小米 11 青春版种草文，整体上相差不多。这类人工智能文案在一定程度上可以和中等水平的文案写手相媲美，能够满足大部分常规的文案创作的需求。

> **提问：** 对上述内容进行微调，要求具备口语化和可读性。

讯飞星火认知大模型回答：

小伙伴们，今天我要跟大家介绍一款性价比超高的手机：小米 11 青春版！

这款手机不仅性能超强，还配备一块 6.55 英寸 AMOLED 显示屏，让你看电影、玩游戏更爽。而且它支持 90Hz 刷新率和 240Hz 触控采样率，让你的操作更加顺畅！

在电池方面，小米 11 青春版搭载大电池 4250mAh，并且支持 33W 快充技术，让你充电不用愁。而且还有智能省电模式和超级省电模式，让你的手机续航时间更长！

总之，小米 11 青春版是一款性价比极高的手机，它的性能、屏幕、电池等方面都表现出色。如果你正在寻找一款性价比超高的手机，那么小米 11 青春版绝对是你的不二选择！

通义千问回答：

如果您正在寻找一款性价比高的手机，那么我推荐小米 11 青春版！

小米 11 青春版配备高通骁龙 780G 处理器，它比上一代更强，可以处理更多的任务，并且拥有更长的电池续航时间。此外，小米 11 青春版的屏幕还支持 90Hz 的刷新率和 240Hz 的触控采样率，让您在使用时更流畅。它还拥有出色的相机系统，采用后置三摄设计，包括一个 6400 万像素的主摄像头、一个 800 万像素的超广角摄像头和一个 500 万像素的长焦微距摄像头，让您随时随地拍出高质量的照片和视频。

最重要的是小米 11 青春版还非常省电！它内置 4250mAh 的大容量电池，支持 33W 的快充技术，可以轻松满足您一天的使用需求。它的设计时尚和简约，非常适合时尚人士使用。

总之，小米 11 青春版是一款性价比非常高的手机，它具备强大的性能和出色的电池续航能力，您可以放心使用。如果您正在寻找一款物美价廉的手机，那么小米 11 青春版绝对是您的不二之选。

天工回答：

小米 11 青春版是一款性价比极高的手机。它搭载高通骁龙 780G 处理器，拥有出色的性能和运行速度，无论是日常使用还是玩游戏，都能够满足您的需求。同时，小米 11 青春版配备的存储空间，可以确保手机运行流畅。

> 小米 11 青春版的屏幕也非常出色，采用 6.55 英寸的 AMOLED 屏幕，分辨率达到 2400×1080，显示效果清晰细腻，色彩鲜艳。此外，小米 11 青春版还支持 90Hz 的刷新率和 240Hz 的触控采样率，让您的手机操作更加流畅。
>
> 小米 11 青春版的续航能力也非常出色，搭载 4250mAh 的电池，支持 33W 的快充技术，可以快速充满电，让您使用手机的时间更长。
>
> 总之，小米 11 青春版是一款性能强、屏幕出色、续航能力强的手机，是您购买手机的不二选择。

下面以通义千问的回答为样本，继续要求其进行补充相关内容。

> **输入问题：** 在上述内容的基础上进行微调，此次需要添加更多的小米 11 青春版的专业信息，此外还需要引导读者，阅读完成之后下单。

> **通义千问回答：**
>
> 如果您正在寻找一款性价比高的手机，那么我推荐小米 11 青春版！小米 11 青春版采用高通骁龙 780G 处理器，它比上一代更强，可以处理更多的任务，并且拥有更长的续航时间。此外，小米 11 青春版支持 90Hz 的刷新率和 240Hz 的触控采样率，让您在使用时更流畅。它还拥有出色的相机系统，采用后置三摄设计，包括一个 6400 万像素的主摄像头、一个 800 万像素的超广角摄像头和一个 500 万像素的微距摄像头，让您随时随地拍出高质量的照片和视频。
>
> 此外，小米 11 青春版还非常省电！它内置 4250mAh 的大容量电池，支持 33W 的快充技术，可以轻松满足您一天的使用需求。它的设计时尚和简约，非常适合时尚人士使用。
>
> 现在购买小米 11 青春版，您还可以享受折扣优惠，花费更少的钱，就可以买到这款高性价比的手机。赶快行动起来，点击下方的按钮，进入购买页面，您将获得更多关于小米 11 青春版的信息，并可以放心购买。

> **再次提问：** 在上述内容的基础上进行微调，需要增加我在购买小米 11 青春版手机之后的使用体验。

通义千问二次回答：

小米 11 青春版采用高通骁龙 780G 处理器，它比上一代更强，可以处理更多的任务，并且拥有更长的续航时间。此外，小米 11 青春版支持 90Hz 的刷新率和 240Hz 的触控采样率，让您在使用时更流畅。它还拥有出色的相机系统，采用后置三摄设计，包括一个 6400 万像素的主摄像头、一个 800 万像素的超广角摄像头和一个 500 万像素的长焦微距摄像头，让您随时随地拍出高质量的照片和视频。

此外，小米 11 青春版还非常省电！它内置 4250mAh 的大容量电池，支持 33W 的快充技术，可以轻松满足您的一天的使用需求。它的设计时尚和简约，非常适合时尚人士使用。

我已经使用小米 11 青春版一段时间了，它是一款非常出色的手机。它的性能强大，可以处理各种任务，而且电池续航能力也非常出色，让我无需频繁充电。拍照效果也非常好，可以拍出色彩鲜艳、清晰度高的照片和视频，让用户轻松记录生活的美好瞬间。

如果您正在寻找一款物美价廉的手机，我推荐小米 11 青春版。赶快行动起来，点击下方的按钮，进入购买页面，您将获得更多关于小米 11 青春版的信息，并可以放心购买。

输入问题： 对上述内容再次进行微调，增强口语化和可读性。

通义千问三次回答：

我要向你们推荐小米 11 青春版手机，它是目前市面上性价比非常高的一款手机。

小米 11 青春版使用的是高通骁龙 780G 处理器，这比之前的版本更强大，处理速度更快，同时还有更长时间的续航。另外，它还支持 90Hz 的刷新率和 240Hz 的触控采样率，这可以让你在使用手机时更流畅。

在相机方面，小米 11 青春版配备后置三摄的相机系统，其中包括一个 6400 万像素的主摄像头、一个 800 万像素的超广角摄像头和一个 500 万像素的微距摄像头，这样你可以随时随地拍出高质量的照片和视频。

小米 11 青春版非常省电，内置 4250mAh 的大容量电池，支持 33W 的快充技术，可以轻松满足你一天的使用需求。而且它的设计时尚和简约，非常适合年轻人使用。

如果你正在寻找一款物美价廉的手机,我强烈推荐小米 11 青春版。快来点击下方的购买按钮,了解更多关于它的信息,然后就可以放心购买啦!

经过三次调试后,通义千问与秘塔写作猫在内容生成上的差别已经变得微乎其微。本次测试并不是要比较两者之间的优劣,而是强调每款软件都有其独特的特色和优势。秘塔写作猫在生成小红书种草文案方面具有特色功能按键,这一点已经超越了部分人工智能模型。而大厂的人工智能模型只要经过精心调试,同样能够达到秘塔写作猫的效果,甚至在某些方面超越它。

8.4 百家号 AI 好物推荐种草文,增加小红书种草文概率

在百家号 AI 笔记中,好物推荐有 4 个选项,即好物推荐、美妆护肤、时尚穿搭和数码科技。

在"好物推荐"和"数码科技"中分别输入关键词:小米 11 青春版、性价比高、手机续航。

百家号回答:

今天给大家分享一款超高性价比的手机:小米 11 青春版!

这款手机不但价格亲民,而且续航表现也相当优秀,搭载 4250mAh 大电池,支持 33W 快充,让你的手机不用担心电量问题。

小米 11 青春版的外观也十分精致,采用双面 2.5D 玻璃设计,手感舒适,同时还有多种配色可供选择。

在拍照方面,小米 11 青春版也不会让你失望。前置摄像头为 2000 万像素,支持多种美颜功能,自拍效果非常好。后置摄像头采用了 6400 万像素主摄 +800 万像素超广角 +500 万像素长焦微距,可以满足各种拍

摄场景的需求。

总之,小米 11 青春版是一款性价比超高、续航和拍照出色的手机,非常适合学生和预算有限的用户。

百家号回答:

小米 11 青春版真的是性价比超高的手机!入手以后感觉自己赚到了!

首先,这款手机的续航真的很给力,使用一天之后还有 30% 的电量!而且支持 33W 的快充技术,充电速度很快!

另外,这款手机的屏幕也非常棒! AMOLED 屏幕色彩鲜艳,观感非常舒适,而且刷新率高达 90Hz !这款手机的拍照效果也非常出色! 6400万像素主摄像头 +800 万像素超广角镜头 +500 万像素长焦微距镜头,拍出来的照片真的很清晰!

总之,小米 11 青春版真的是一款非常值得入手的手机!

可以看到,这两份文案实际差距不大。除小米 11 青春版之外,我还测评了几款其他手机,生成的内容差不多。所以在百家号 AI 笔记创作时,内容涉及好物推荐的,点击"好物推荐"按钮即可,能节省大量的时间和精力。

上述内容没有实现口语化表达,也没有亲和力,更像是品牌宣传项目书。我们继续对好物推荐进行调试。

百家号回答:

我最近入手了小米 11 青春版,真的是性价比超高的手机!

虽然是青春版,但是配置还是很强大的,骁龙 780G 处理器,90Hz 高刷新率,运行流畅度杠杠的!

最让我惊喜的是它的续航能力,使用一天之后还剩 30% 的电量,真的是太给力了!

外观方面,小米 11 青春版的颜值很高,设计轻薄,手感舒适,配色好看,我选的蓝色,非常清新!

还有一个很实用的功能,就是支持 NFC,我可以用手机刷公交卡,再

> 也不用担心忘记带公交卡了！
>
> 总之，小米 11 青春版真的是超值的选择，强烈推荐给大家！

此时接着要求好物推荐引导读者下单购买。

百家号回答：
> 小米 11 青春版真的是太香了！
>
> 性价比超高，不仅颜值在线，功能也很强大！
>
> 说到续航，真的是没得挑剔！我这个手机控，用一天之后还有 30% 的电量！不用担心出门在外手机没电的尴尬情况了，现在还有打折促销优惠哦！真的是太良心了！
>
> 小米 11 青春版的价格真的很亲民，性能也不输其他高端机型！如果你还在为买哪款手机而发愁，那就入手小米 11 青春版吧！你一定不会后悔的！

尽管百家号 AI 笔记的好物推荐功能不如秘塔写作猫那么丰富，但它有一个免费使用的优势。从性价比的角度看，百家号 AI 笔记的推荐功能更具吸引力。

接下来我给大家展示一下我写的关于小米 11 青春版的营销文案。这份营销文案是我结合百家号 AI 笔记和秘塔写作猫生成的内容，以及相关信息检索之后最终确定的。

小米 11 青春版真的是太香了！它不仅拥有超高性价比，还融合了令人惊艳的外观和强大的功能，绝对是年轻人的首选！

小米 11 青春版以时尚青春的外观设计，让你在人群中独具一格，搭载光影渐变背板，不同角度呈现不同的色彩，给你带来视觉盛宴。同时，机身轻薄，手感舒适，时尚与实用兼具，成为你的时尚标配！

小米 11 青春版搭载超强的处理器和高速内存，让你顺畅运行各种应用和游戏。游戏、影音、多任务处理，应有尽有，无论你面对何种挑战，都能应对自如。无论是玩游戏还是看视频，都能流畅运行，让你沉浸其中，享受极致体验！

小米 11 青春版拥有出色的续航能力，让你无忧无虑地使用手机，不用担心电量耗尽的尴尬情况。它能陪伴你度过一天的日常生活，而不用频繁充电。

现在购买小米 11 青春版还能享受促销优惠！真的是太良心了！你能以更亲民的价格购买一款性能出众的手机。这是一个绝佳的机会，让你买到物超所值的手机，完美满足你的需求和预算！

别再犹豫了！选择小米 11 青春版，让你的青春充满激情和创造力！它将成为你忠实的伙伴，陪伴你记录人生中的每个精彩瞬间。点击下方链接，立即购买小米 11 青春版，开启属于你的青春时代！

注：附上小米 11 青春版的卡通图，以增加可读性和吸引力。

8.5 文心一言辅助小红书爆款笔记创作的公式

接下来我们用文心一言实现小红书爆款笔记的创作，为了便于内容对照，选题依然是为小米 11 青春版设计一份小红书爆款文案。

公式一：体验分享公式，如图 8-12 所示。

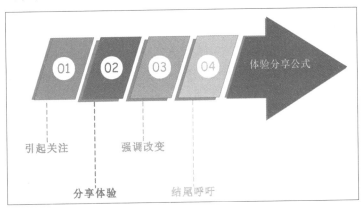

图 8-12 体验分享公式

（1）引起关注：用一个引人入胜的标题或方式开场。

（2）分享体验：详细描述使用某个产品或参与某项活动的经历。

（3）强调改变：讲述产品或活动如何让用户产生积极的改变，提升生活品质等。

（4）结尾呼吁：用鼓励性的语言呼吁读者尝试该产品或体验。

提问： 为小米 11 青春版设计一份小红书爆款文案。

（1）引起关注：我用小米 11 青春版，突破手机体验的新边界！

（2）分享体验：拿起小米 11 青春版，首先映入我眼帘的是……

（3）强调改变：小米 11 青春版给我带来了前所未有的游戏体验，高性能的处理器和流畅的图形处理能力，让我在游戏中畅享极速和激情！

（4）结尾呼吁：现在就点击下方链接，抢购这款引领潮流的超级手机，与我一同领略其无限魅力！

文心一言回答：

小米 11 青春版，重新定义手机体验的边界！

当我拿起小米 11 青春版，首先映入眼帘的是那块令人惊艳的 AMOLED 屏幕。色彩生动，画质细腻，真的是让人一见倾心！

这款手机为我带来了前所未有的游戏体验。凭借出色的处理器和流畅的图形处理能力，我在游戏中畅享疾速与激情！无论是《王者荣耀》还是《和平精英》，它都能轻松应对！

更令人惊叹的是它拥有 6400 万像素的主摄像头，无论是阳光明媚的白天还是星光点点的夜晚，它都能捕捉到生活中的每一个美好瞬间。

33W 快充技术，确保手机在短时间内迅速充满电，让我随时随地都能享受满电的快感！

此外，小米 11 青春版还采用了全新的指纹解锁技术。只需轻轻一按，手机便能瞬间解锁，既快捷又安全！

别再犹豫了！立即点击下方链接，抢购这款引领潮流的超级手机，与我一起探索它无与伦比的魅力吧！

公式二：搭配分享公式，如图 8-13 所示。

图 8-13 搭配分享公式

（1）引起好奇：用引人注目的问题或描述引起读者的好奇心。

（2）展示搭配：通过图片、文字或视频展示搭配作品。

（3）强调亮点：强调搭配的亮点，例如，与时尚潮流的契合、个性化的风格等。

（4）提供建议：给读者一些建议。

（5）结尾引导：提供购买相关单品的链接。

提问： 为小米 11 青春版设计一份小红书爆款文案。

　　(1) 引起好奇：你曾经想过拥有一部能让你瞬间脱颖而出的手机吗？

　　(2) 展示搭配：描述不同场景下的使用，例如，户外探险、旅行、工作等，展示小米 11 青春版的多样化搭配可能性。

　　(3) 强调亮点：小米 11 青春版的外观设计简洁大方，与时尚潮流完美契合，无论是商务场合还是休闲聚会，它都能为你增添无限魅力。

　　(4) 提供建议：购买套餐更优惠。

　　(5) 结尾引导：现在就点击下方链接，购买小米 11 青春版，并尽情展现你的个性和时尚魅力！

文心一言回答：

　　小米 11 青春版，让你瞬间脱颖而出的手机！

　　你曾经想过拥有一部能让你瞬间脱颖而出的手机吗？小米 11 青春版就是你需要的那一部！

　　无论是户外探险、旅行、工作还是日常生活，小米 11 青春版都能满足你的多样化需求。搭配不同的配件，如手机壳、挂绳等，更能展现你的个性和时尚品味。

小米 11 青春版的外观设计简洁大方,与时尚潮流完美契合。采用最新的工艺和材料,不仅轻薄便携,而且触感舒适。无论是商务场合还是休闲聚会,它都能为你增添无限魅力。

现在购买小米 11 青春版,还有更多优惠套餐供你选择。购买套餐更优惠,不仅能享受更多折扣,还能获得更多实用的配件和服务。

现在就点击下方链接,购买小米 11 青春版,并尽情展现你的个性和时尚魅力!不要犹豫,让小米 11 青春版成为你生活中不可或缺的一部分!

第九章 知乎种草文 AI 创作实战

Chapter 09

有人认为小红书的爆款笔记主要依赖于种草内容,并认为知乎和小红书上的种草文差别不大,仅仅是平台特性所致。然而实际上,平台间的差异正是最关键的差别所在。在不同的平台撰写种草文,其要求和特点都有显著的区别。

9.1 小红书爆款笔记和知乎种草文的五个区别

小红书爆款笔记和知乎种草文的区别如图 9-1 所示。

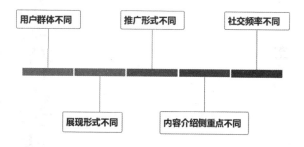

图 9-1 小红书爆款笔记与知乎种草文的区别

1. 用户群体不同。

小红书是以时尚、美妆、购物为主题起家的,慢慢涵盖部分数码设备和书籍领域。用户群体大多倾向于年轻人和时尚爱好者。而知乎的用户群体更宽泛,没有集中某特定群体。同时用户群体不乏专业人士以及知识爱好者,这就导致知乎更在意深度而非热度。

2. 展现形式不同。

小红书年轻群体居多,喜好会更宽泛一些。精美的图片、详细的文字以及购买链接,这三者能够形成很好的产品互动。但知乎平台大多以 16:9 的宽屏图片为主,必须与主题相切合,其更倾向于文字表达、知识分享以及使用心得,倾向于以文字形式展示。

3. 推广形式不同。

小红书直接与电商合作，小红书的店铺账号也可以挂链接出售产品。小红书种草行为是平台主动营造的，其精准用户的获取渠道也是平台搭建的。知乎种草文中购买链接较为少见，推广相对更含蓄内敛一些。通过分享知识和讨论内容，引申出想要推广的产品。

4. 内容介绍侧重点不同。

小红书推广某款产品时，往往更侧重产品的细节和使用体验。知乎更倾向于深度探讨内容和提供知识，更倾向于营造品牌宣传氛围，而非购买氛围。

5. 社交频率不同。

小红书属于微型社交电商平台，与抖音、快手相比社交属性弱一些，但社交属性的搭建需求反而更强。小红书评论区可能只有一二十条评论，但每条评论都是作者与读者的博弈，也是作者精心营造的评论区专属氛围。而知乎的社交频率相对偏低，一些互动也以交流专业意见为主。

总之，小红书爆款笔记与知乎种草文具有不同的展现形式和优势。小红书爆款笔记通过精美图片直接对用户造成视觉冲击，再以营销话术和评论区互动引导读者购买。知乎更倾向于进行知识宣传，让读者在了解知识的过程中产生购买欲望。在读者产生购买欲望后，创作者可以把购买链接转移到评论区，或引导大家在某平台检索产品信息，一般以淘宝居多。知乎重视口碑打造，而小红书更偏重产品直销。

9.2 讯飞、通义千问、天工干货体文案辅助创作

我们用华为 P40 手机，对讯飞星火认知大模型、通义千问和天工进行调试。

补充：无论是小米 11 青春版手机，还是华为 P40 手机，都是我过去购买过的产品，比较有话语权。另外我们只做文案变现，不触及个人情感，所以对这两款手机只会讲解其优势。此外，我们介绍的手机产品也不是当下热卖的手机，从而尽可能减少对部分品牌产生营销误导。

> **提问**：请帮我写一篇关于华为 P40 的知乎种草文案。

讯飞星火认知大模型回答：

华为P40：不止于摄影的卓越体验！

华为 P40，一款引领潮流的智能手机，以其出色的摄影功能和卓越的性能赢得了无数用户的心。在这篇知乎种草文案中，我将带你深入了解华为 P40 的魅力所在，让你感受它带来的不同寻常的体验。

摄影是华为 P40 最大的亮点之一。它搭载了一颗强大的超感知摄像头，无论是广角、长焦还是微距，都能呈现出色效果。无论是拍摄风景、人像还是静物，华为 P40 都能让你轻松捕捉每一个美好瞬间。不仅如此，它还支持 3 倍光学变焦和 30 倍数字变焦，让你在远距离下也能拍出清晰、细腻的照片。

除了摄影功能强大，华为 P40 在其他方面也有着出色的表现。它采用了一块 6.1 英寸 OLED 全面屏，分辨率高达 2340×1080，显示效果非常出色。搭载了麒麟 990 5G SoC 芯片，无论是日常使用还是游戏娱乐，都能让你畅享流畅的操作体验。此外，华为 P40 还拥有强大的续航能力，支持快充，让你告别电量焦虑。

华为 P40 在设计上也独具匠心。它采用了极简的外观设计，四角圆润，握感舒适。机身颜色丰富多样，满足不同用户的个性化需求。此外，华为 P40 还支持 IP53 级防水防尘，即使在恶劣的天气条件下也能保持完好无损。

总的来说，华为 P40 是一款集摄影、性能、续航和设计于一身的智能手机。如果你是一个注重生活品质、热爱摄影的人，那么华为 P40 绝对值得你拥有。它将为你带来前所未有的手机摄影体验，成为你记录生活、分享美好的得力助手。不妨尝试一下华为 P40，相信它会成为你不可或缺的伙伴。

通义千问回答：

华为P40：领略卓越摄影与性能的魅力

作为华为旗下的旗舰手机，华为 P40 凭借其出色的摄影功能和卓越的性能表现，成了众多用户心中的理想选择。今天，我将带你深入了解华为 P40 的独特魅力，让你感受到它带来的不同寻常的体验。

首先，华为 P40 在摄影方面具有卓越的表现。它搭载了一颗超感知摄像头，拥有出色的成像质量、动态范围和细节呈现能力。无论是拍摄风景、人像还是微距，华为 P40 都能呈现出令人惊艳的效果。与此同时，P40 还支持 3 倍光学变焦和 30 倍数字变焦，让你在远距离下也能捕捉到清晰、细腻的画面。对于摄影爱好者来说，华为 P40 无疑是一款不可或缺的得力助手。

除了摄影方面的出色表现，华为 P40 在性能方面同样强大。它搭载了麒麟 990 5G SoC 芯片，无论是日常使用还是游戏娱乐，都能让你畅享流畅的操作体验。无论是浏览网页、观看视频还是运行大型应用，华为 P40 都能轻松应对，让你无需担心卡顿或延迟的问题。

此外，华为 P40 还拥有持久的续航能力，支持快充，让你告别电量焦虑。即使电量耗尽，也能在短时间内快速充满，满足你长时间使用的需求。

在设计方面，华为 P40 同样展现出了华为的匠心独运。它采用了极简的外观设计，机身轻薄，手感舒适。与此同时，P40 还拥有多种配色可选，满足你对于个性化的追求。无论是商务场合还是休闲时光，华为 P40 都能成为你展现自我风格的得力伙伴。

总的来说，华为 P40 是一款集卓越摄影、强大性能、持久续航和时尚设计于一身的智能手机。如果你追求卓越的体验和品质，那么华为 P40 绝对值得你拥有。它将为你带来前所未有的手机摄影体验，成为你记录生活、分享美好的得力助手。不妨尝试一下华为 P40，相信它会成为你不可或缺的伙伴。

天工回答：

华为P40：卓越不止一面，摄影与性能的完美融合

作为一名摄影爱好者，我一直对手机摄影抱有极高的期望。在众多智能手机中，华为P40以其卓越的摄影功能和强大的性能吸引了我的目光。今天，就让我来为你分享一下这款手机的独特魅力。

首先，华为P40搭载了一颗超感知摄像头，拥有出色的成像质量和动态范围。在拍摄风景时，它能够捕捉到丰富细腻的色彩和细节，让人仿佛置身于美景之中。而在拍摄人像时，它能够轻松实现自然虚化，突出主体，让人像照片更加动人。此外，P40还支持3倍光学变焦和30倍数字变焦，无论是远距离还是微距拍摄，都能呈现出令人惊叹的效果。

除了摄影功能强大外，华为P40在性能方面同样出色。搭载的麒麟990 5G SoC芯片提供了流畅的多任务处理能力，无论是日常使用还是游戏娱乐，都能让你畅享流畅的操作体验。此外，P40还支持快充，让你告别电量焦虑，随时随地保持通信畅通。

华为P40的外观设计也让人眼前一亮。采用极简风格，机身轻薄，手感舒适。屏幕采用6.1英寸OLED全面屏，分辨率高达2340×1080，显示效果清晰细腻。机身颜色丰富多样，满足不同用户的个性化需求。

总而言之，华为P40凭借其在摄影、性能、设计和续航方面的卓越表现，成了市场上一款备受追捧的智能手机。如果你和我一样热爱摄影、追求卓越的性能体验，那么华为P40无疑是你的不二之选。它将成为你记录生活、分享美好的得力助手，让你的生活更加多彩。快来试试华为P40吧，相信它会给你带来前所未有的手机摄影体验！

单从干货和知识增量角度看，讯飞星火认知大模型输出的内容质量最好。知识输出增量的高与低，直接决定种草文的市场性的好与坏。我们借用讯飞星火认知大模型生成的文案，在理论上，能够达到种草文后半部分对知识增量的要求。但是还需要添加一个爆款故事，以此引导大家购买手机。

提出问题： 请帮我写一份普通手机与华为 P40 的区别，从个人测评的角度来叙述，要求具备体验感和真实感。

讯飞星火认知大模型回答：

华为P40与普通手机：一次深入的个人测评对比

作为一名科技爱好者，我最近有幸体验到了华为 P40 这款备受瞩目的智能手机。在深入使用了一段时间后，我对其与普通手机之间的差异有了更深刻的认识。接下来，我将从个人测评的角度，为大家详细对比华为 P40 与普通手机的不同之处。

首先，华为 P40 在摄影方面的表现令我印象深刻。与普通手机相比，P40 的超感知摄像头在成像质量、动态范围和细节呈现方面具有明显优势。尤其是在低光环境下，P40 能够轻松捕捉到明亮、清晰的照片，而普通手机往往会出现噪点或模糊的情况。此外，P40 支持 3 倍光学变焦和 30 倍数字变焦，这意味着即使距离较远，也能轻松拍摄到目标对象。而普通手机在这方面的表现则相对较弱。

在性能方面，华为 P40 同样领先于普通手机。搭载的麒麟 990 5G SoC 芯片使得 P40 在运行各类应用和游戏时都表现出色，流畅度极高。相比之下，普通手机的性能可能无法满足日益增长的多任务处理需求，尤其是在运行大型应用或游戏时，容易出现卡顿或延迟的情况。

续航能力方面，华为 P40 同样展现了出色的表现，它支持快充，这意味着在日常使用中，你不再需要担心手机电量不足的问题。即使电量耗尽，短时间内也能快速充满，非常方便。而普通手机的续航能力则相对较弱，频繁充电可能会给用户带来不便。

最后，从设计角度来看，华为 P40 也具有独特的魅力。简约时尚的外观设计、圆润的边角处理以及舒适的手感都使其成了一款令人爱不释手的手机。此外，IP53 级防水防尘功能也增强了其耐用性，使得在日常使用中更加可靠。普通手机在设计上可能较为平庸，缺乏个性化和创新性。

总之，通过这次深入的个人测评对比，我深刻感受到了华为 P40 与普通手机之间的差异。华为 P40 凭借其在摄影、性能、续航和设计方面的卓越表现,成功脱颖而出。如果你追求卓越的体验和品质,华为 P40 绝对值得你拥有。

本节主要展示大厂的人工智能模型生成爆款种草文案的功能,只不过需要进行多次调试,才可以满足我们的基本诉求。因其调试方式与调试的最终结果与前文有很大重叠性,我们不做过多讲解。

9.3 文心一言辅助知乎种草文创作的公式

接下来我们尝试用文心一言来实现知乎种草文的创作,为了便于对照,内容选题依然是为华为 P40 设计一份知乎种草文案。

公式一:问题解答公式,如图 9-2 所示。

图 9-2 问题解答公式

(1)提出问题,与产品或主题相关。问题具体且有吸引力,引发读者的思考和兴趣。

(2)回答问题并解释产品如何解决该问题。提供有关产品特点、功能和优势的详细信息,让读者了解产品的价值和作用。

(3)解释产品的工作原理或技术原理。增加读者的理解和信任感。

提问: 为华为 P40 设计一份知乎种草文案。

第九章 知乎种草文 AI 创作实战

> （1）提出问题：你曾经是否为不能拍摄清晰的夜景照片而苦恼？
> （2）回答问题并解释产品如何解决该问题：华为 P40 手机配备了先进的夜景拍摄技术，能够在光线较暗的环境下拍摄出令人惊艳的清晰夜景照片。
> （3）解释产品的工作原理或技术原理：华为 P40 的 AI 超感光摄影技术利用了先进的人工智能算法和图像传感器的协同工作，实现了在低光条件下的出色拍摄效果。

文心一言回答：

你曾经是否为了不能拍摄清晰的夜景照片而苦恼？

很多人都喜欢在夜晚拍摄美丽的景色，但是由于光线较暗，很多手机的拍摄效果不尽如人意，甚至会出现模糊、噪点等问题。如果你也为此苦恼，那么华为 P40 手机或许能够帮你解决这个问题。

华为 P40 手机配备先进的夜景拍摄技术，能够在光线较暗的环境下拍摄出令人惊艳的清晰夜景照片。这得益于华为 P40 的 AI 超感光摄影技术，它利用了先进的人工智能算法和图像传感器的协同工作，能够实现在低光条件下的出色拍摄。

具体来说，华为 P40 的 AI 超感光摄影技术能够通过多帧合成、降噪等算法优化拍摄效果，让夜景照片更加清晰、细腻，色彩更加鲜艳。此外，华为 P40 还采用了大底传感器和 RYYB 超感光滤镜阵列，能够增加进光量，提高拍摄亮度，进一步提升了夜景拍摄的效果。

总之，如果你喜欢拍摄夜景照片，或者对手机摄影有一定的要求，那么华为 P40 手机绝对值得一试。它不仅拥有出色的夜景拍摄技术，还有其他很多强大的摄影功能，能够满足你不同场景下的拍摄需求。

公式二：优势对比公式，如图 9-3 所示。

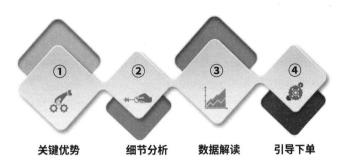

图 9-3 优势对比公式

（1）关键优势：可以是性能、功能、价格、质量等方面的优势。

（2）细节分析：比较产品与竞争对手的差异，突出产品的独特之处。

（3）数据解读：解释为什么选择该产品是明智的决策，为读者提供决策支持和信心。

（4）引导下单：用具备吸引力的话术来尝试引导用户下单。

提问： 为华为 P40 设计一份知乎种草文案。

(1) 关键优势：强大的摄影能力、强大的处理能力、长久的续航能力。

(2) 细节分析：精致的外观设计、先进的摄影技术、顶级的屏幕显示。

(3) 数据解读：高性能评价、用户满意度。

(4) 引导下单：如果你想拥有一款功能强大、外观精致的手机，华为 P40 是你的不二选择。

文心一言回答：

你是否正在寻找一款功能强大、外观精致的手机？华为 P40 或许能够满足你的需求。

首先，让我们来看看华为 P40 的关键优势，它拥有强大的摄影能力、强大的处理能力和续航能力。在摄影方面，华为 P40 采用了先进的摄影技术，包括 AI 超感光夜景模式和运动抓拍，让你无论是在白天还是夜晚都能够拍摄清晰、稳定的照片和视频。在处理能力方面，华为 P40 搭载麒麟 990 5G 处理器，性能强劲，能够流畅运行各种应用和游戏。在续航能力方面，华为 P40 配备 3800mAh 大容量电池，支持快充，让你无需担心电量问题。

除了关键优势，华为 P40 在细节方面也做得非常好。它采用精致的外观设计，机身轻薄、手感舒适，同时还具备 IP53 级别防水防尘功能。华为 P40 还采用顶级的屏幕显示技术，支持高刷新率和高分辨率，让你在使用过程中享受到更加流畅、清晰的视觉体验。

此外，根据多项性能评测和用户反馈数据显示，华为 P40 在高性能评价和用户满意度方面表现出色。许多用户都对它的摄影能力、处理能力和续航能力赞不绝口，认为它是一款值得购买的手机。

最后，如果你想拥有一款功能强大、外观精致的手机，华为 P40 是你的不二选择。现在下单购买，你还能够享受到更多的优惠和服务。不要犹豫，让华为 P40 成为你生活中不可或缺的一部分！

第十章 短视频爆款文案AI写作实战

文案变现不仅限于文字变现，还包括视频变现和直播变现。直播变现的难度极大，普通人在短期内无法介入。

本章主要讲普通人如何通过短视频爆款文案的方式获得利润。

10.1 黄金 10 秒法则，吸引用户持续观看的源动力

短视频爆款文案变现包括文案脚本和视频的表现张力。视频的表现张力更依托于真实出镜者的面部表情、语言习惯特性等多方面要素。它虽然和短视频爆款文案没有直接关系，但在一定程度上影响了短视频的黄金 10 秒。

那什么是短视频的黄金 10 秒呢？在这里我给大家总结了一套公式：黄金 10 秒 = 明确主题 + 创造引人入胜的开头 + 突出亮点和核心信息 + 精简语言和画面 + 使用音效和音乐。

我们简单讲解一下如何打造黄金 10 秒，便于大家更好地了解黄金 10 秒的必要性。

（1）明确主题：最好选择某一体裁的内容进行持续创作或深耕，以此来加深读者对我们账号内容的印象。

（2）创造引人入胜的开头：在视频开头通过趣味性的话术、经典的言论或视频中的关键信息，来吸引读者，拉长读者的观看时长。

（3）突出亮点和核心信息：通过一句话或两句话来突出本条视频的亮点及核心点，以此让观众第一时间抓住重点。

（4）精简语言和画面：通过画面的背景布置及语言的特有魅力来留住读者。

（5）使用音效和音乐：巧用音效、音乐等一些辅助措施，来增加视频的震撼力，提升视频的可观赏性。

当我们做好以上五点，就可以极大的提升短视频前 10 秒的完播率，

完播率提升就会符合平台的读者调性和推荐逻辑,那我们的本条视频也就有较大概率持续被推荐,以此冲击更高的视频爆款概率。

理论上来说,如果视频创作者选择真人出镜,其表现张力越好,视频的跳出率就越低;当创作者能够引发观众的个人情绪共鸣时,该视频成为爆款的概率越大。

接下来我们仍然把重心放在文案脚本上,假设我推荐一款奶茶,直接在短视频下方的链接中购买能获得优惠。要求人工智能写一份视频脚本。

提出问题:帮我写一份奶茶团购的视频文案脚本。

讯飞星火认知大模型回答:

镜头 1:背景音乐启动,显示繁华的城市街景。

旁白:(轻松愉快的音乐)在这个繁忙的世界里,我们都需要一杯温暖的奶茶来放松一下。

镜头 2:切换到一个人正疲惫地走在路上。

旁白:(音乐增强)无论是工作日的忙碌,还是周末的休闲,一杯美味的奶茶总是能给我们带来惊喜。

镜头 3:显示各种奶茶图片,包括经典奶茶、水果茶、奶盖茶等。

旁白:(音乐再次增强)我们的奶茶种类丰富多样,无论你喜欢哪种口味,都能在这里找到你的最爱。

镜头 4:显示团队在制作奶茶的镜头。

旁白:(音乐达到高潮)我们的团队每天都在精心制作奶茶,只为给你带来最好的体验。

镜头 5:显示团购优惠信息。

旁白:(音乐稍稍减弱)现在,我们有一个特别的团购活动,只要你邀请朋友一起购买,就能享受超值的折扣优惠!

镜头 6:显示朋友一起购买奶茶的画面。

旁白:(音乐再次增强)邀请你的朋友一起来加入我们的团购吧!让你们共享这美味的奶茶,同时也享受折扣优惠!

镜头 7:显示联系方式和二维码。

旁白：（音乐达到顶峰）快来参加我们的团购活动吧！只需扫描屏幕上的二维码，或者直接联系我们，就能享受这个特别的优惠了！

镜头 8：显示感谢和期待的文字。

旁白：（音乐慢慢消失）我们期待你的光临，让我们为你带来美味的奶茶！

镜头 9：显示品牌 Logo 和口号。

旁白：（音乐结束）欢迎来到我们的店铺，让我们一起享受这份美好！

通义千问回答：

欢迎来到我们的奶茶团购页面。

在这里，我们为您提供各种口味的奶茶，包括经典的港式奶茶、口感丰富的鲜果奶茶等。

每一款奶茶都经过精心调制，采用上等的原材料和新鲜的食材，确保了奶茶的口感和质量。无论您是想和朋友一起享受下午茶时光，还是想在工作间隙来一杯提神解压，我们都能满足您的需求。

我们的奶茶团购价格非常实惠，物超所值。我们还提供各种优惠活动，让您享受更多的优惠和福利。

我们还提供送货上门服务，让您足不出户就能品尝到我们的美味奶茶。无论您是在家还是在办公室，都能享受到我们的贴心服务。最后，再次感谢您的光临，我们期待您的再次品尝。祝您在这里享受愉快的购物体验！

天工回答：

以下是一份奶茶团购视频文案脚本。

开场画面：画面展示一杯热腾腾的奶茶，配以轻松愉悦的背景音乐。

文案：大家好，欢迎来到我们的奶茶团购活动！今天，我们为大家带来了各种口味的奶茶，无论你是喜欢原味、芝士、抹茶还是其他口味，我们都有适合的选择。

我们的奶茶选用优质的原材料，每一杯都是用心制作而成。让你每一口都能感受到浓郁的奶香味和茶香，回味无穷。

此外，我们还提供多种优惠活动，让你享受更多的实惠。我们的团购套餐包含多杯奶茶和小吃,让你一次性品尝更多美味。我们的会员卡,只需购买一次就可以享受多次优惠,让你省钱又省心。

最后,我们希望通过这次活动,让更多的人了解我们的品牌和产品,让更多的人能够享受我们的美味。赶快来参加我们的奶茶团购活动吧,让你的味蕾得到一次大满足!

结尾画面:画面展示一杯热腾腾的奶茶,配以轻松愉悦的背景音乐。

文案:感谢大家观看我们的奶茶团购活动,希望你能够喜欢我们的产品和服务。如果你有任何问题或建议,请随时联系我们。我们会为大家提供更好的服务和产品!

除通义千问外,讯飞星火认知大模型和天工都给了对应的画面及文案。这其实就是一份短视频文案的普通脚本,算不上多么优秀,但却是必不可少的。

想要让一个视频文案脚本能够符合黄金10秒法则,就需要我们掌握黄金10秒法则的5点要求。黄金10秒法则的5点要求如图10-1所示。

图 10-1 黄金 10 秒法则的 5 点要求

(1)引起情感共鸣。站在用户的角度考虑问题,比如,卖奶茶要考虑夏天卖冷饮,冬天卖热饮。卖手机要考虑高性价比、高内存和高电池容量。

(2)突出独特卖点。以奶茶为例,市面上的奶茶大多均价在10~20元,而我们卖的这款奶茶只卖5元。只要卖点够独特,就能够吸引读者。这里的卖点可以是价格低、容量大、口碑好或差等，只要能够拿出来充当卖点即可，借用网络流行一句话：黑粉也是粉。例如，某位主播在卖黑蒜时，不止一次恶心干呕。明明是一次非常差的带货体验，反而带动了黑蒜的销量。

（3）使用视觉吸引效果。同样的一款奶茶，好的画面和差的画面效果是截然不同的。画面的拍摄要有技巧，只不过这一块和文案脚本没有直接关联。

（4）提出问题或挑战。以奶茶为例，开篇就可以问大家，5元你可以买到什么？这款奶茶价值多少？旁边有人会补充价值10元、20元或者30元，然后引出这款奶茶只卖5元。通过提出问题和自问自答的方式引导读者购买奶茶。

（5）快速展示亮点。无论是奶茶价格低，还是奶茶质量好，开篇第一句话全写上去，直接讲优势。

这里的奶茶可以替换成任何产品，本章中均以奶茶为例讲打造短视频爆款文案的全流程。

10.2 情感营销纵轴比较，打造观众服务认同感

在短视频文案的变现中，我们通常采用纵轴和横轴两种方式来提高产品的性价比，从而吸引顾客下单。纵轴方式主要是通过同一产品在不同时间点的价格比较，让顾客感受到价格优惠。例如，以前5元只能买到一杯奶茶，但现在只需5元就能买到两杯。横轴方式则主要是将产品与同类目其他产品进行价格比较，突出产品的价格优势。例如，其他品牌的奶茶需要10元一杯，而我们的奶茶只需5元。这两种方式都是专业的营销话术，能够有效地引导顾客做出购买决策。

先看一下情感营销的纵轴比较：如何能够打造服务的认同感？用讯飞星火认知大模型来做内容调试。

> **提问**：请帮我做一份奶茶的营销文案，仅限三日，奶茶 5 元两杯，三日后恢复 10 元一杯。

讯飞星火认知大模型回答：

限时特惠，两杯仅需 5 元！

亲爱的奶茶爱好者，你们好！

为了感谢大家一直以来对我们店铺的支持和喜爱，为回馈大家的喜爱，我们特别推出限时特惠活动！即日起三天内，只要您在我们店铺购买两杯奶茶，就能享受超低价格，只需 5 元！是的，你没有听错，只需 5 元，就能品尝两杯美味奶茶！

这可是难得的一个机会！无论你想品尝新品，还是想回味经典口味，都是绝佳的选择。而且，这个优惠价仅限三日！所以赶快约上你的小伙伴一起来吧！

当然了，我们也不会让大家一直享受这么好的福利。三天后，奶茶的价格将恢复为每杯 10 元。如果你在活动期间购买两杯奶茶，我们将会为您提供一份小小的惊喜！敬请期待！

最后，再次感谢大家对我们店铺的支持和信任。我们会继续努力，为大家带来更好的产品和服务。期待与您的再次相聚！

我们继续调试。

> **提问**：把上述文案改成短视频脚本，且引导读者在视频左下角下单。

讯飞星火认知大模型回答：

限时特惠，两杯仅需 5 元！

镜头 1：展示店铺外观和招牌。

旁白：大家好，欢迎来到我们的奶茶店！

镜头 2：展示各种口味的奶茶。

旁白：我们有各种口味的奶茶，从经典到创新，总有一款适合你。

镜头 3：展示一杯美味的奶茶。

旁白：今天我们有一个特别的优惠活动，只要您在我们店铺购买两杯奶茶，就能享受超低价格，只需 5 元！

镜头 4：展示优惠时间和价格恢复情况。

旁白：这个优惠活动仅限三天哦！三天后，奶茶的价格将会恢复为每杯 10 元。但是，如果您在活动期间购买两杯奶茶，我们将会为您提供一份小小的惊喜！敬请期待！

镜头 5：展示下单方式。

旁白：想要享受这个优惠吗？只需要在视频左下角点击下单按钮，即可轻松购买我们的美味奶茶啦！

镜头 6：展示店铺地址和联系方式。

旁白：我们的店铺地址是×××，欢迎随时光临！如果您有任何问题或建议，可以通过电话或微信联系我们哦！

镜头 7：展示感谢和期待的文字。

旁白：最后，再次感谢大家对我们的支持和信任。我们会继续努力，为大家带来更好的产品和服务。期待与您的再次相聚！

可以看出，这份文案不太具备吸引力，不符合黄金 10 秒法则，所以仍然需要继续调试。

> **提问**：该短视频脚本前两句不具备吸引力，请用震惊、高福利等相关字样，重新整改。

讯飞星火认知大模型回答：

惊爆福利！三日奶茶 5 元两杯，错过再等一年！

镜头 1：展示店铺外观和招牌。

旁白：大家好，欢迎来到我们的奶茶店！

镜头 2：展示各种口味的奶茶。

旁白：我们有各种口味的奶茶，从经典到创新，总有一款适合你。

镜头 3：展示一杯美味的奶茶。

旁白：今天我们有一个超级惊喜的优惠活动！只要您在我们店铺购买两杯奶茶，就能享受低价格，只需 5 元！是的，你没有听错，只需 5 元，就能品尝两杯美味的奶茶！而且这个优惠仅限三天哦！错过这次机会，就要等到明年了!

镜头 4:展示下单方式。

旁白:想要享受这个超级福利吗?只需要在视频左下角点击下单按钮,即可轻松购买我们的美味奶茶啦!

镜头 5:展示店铺地址和联系方式。

旁白:我们的店铺地址是×××,欢迎随时光临!如果您有任何问题或建议,可以通过电话或微信联系我们哦!

镜头 6:展示感谢和期待的文字。

旁白:最后,再次感谢大家对我们的支持和信任。我们会继续努力为大家带来更好的产品和服务。期待与您的再次相聚!

注意,在写新媒体文章时,平台一般不允许出现"震惊""惊爆"或者"惊艳全场"等相关字样。但是这些词可以体现在短视频中,甚至可以直接出现相关台词。

其实通过人工智能应用生成的这些文案,我们就很容易构造出纵轴比较的内容。因为纵轴比较是针对同一款产品的前后比较。比如,在新款手机的发布会上,该款手机被宣称比之前的手机价格更低、质量更好、服务更周到、软件程序更顺畅等。

我列出了 9 条写短视频文案可纵向比较的小类目,供大家参考。纵向比较类目如图 10-2 所示。

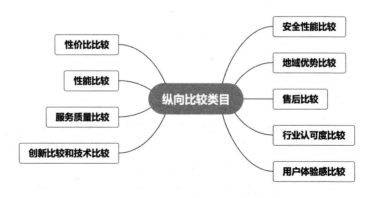

图 10-2 纵向比较类目

1. 性价比比较：通过打折优惠等方式，承诺在未来某段时间内该产品或服务的价格为最低。

2. 性能比较：将当前产品与往期同类型产品进行性能上的比较，例如，某款手机内存容量的提升。

3. 服务质量比较：比较不同时期的服务质量，例如，家居装修服务的额外配套和配送上门服务的增加。

4. 创新比较和技术比较：比较产品的创新和技术进步，例如，智能扫地机器人学习功能和断电保护技术的迭代。

5. 安全性能比较：比较产品的安全性能变化，例如，插座断电保护的规格升级。

6. 地域优势比较：比较产品的地域覆盖和服务优势，例如，本地产品仓的建立和配送服务的优化。

7. 售后比较：比较不同时期的售后服务政策，例如，售后期限和免费维修期限的延长。

8. 行业认可度比较：比较产品在行业内的认可度变化，例如，某款手机行业认可率的提升。

9. 用户体验感比较：比较产品在用户体验方面的变化，例如，显示屏技术的升级和滑动体验的优化。

这 9 种纵轴比较方式在品牌宣传短视频文案脚本中均可作为参考，有助于全面展示产品的优势和进步，吸引潜在客户的关注和信任。

10.3 性价比横轴比较，提升观众购买行动力

纵轴比较是针对同一产品的过去和现在，而横轴的性价比主要涉及同类目产品之间的比较，而不是同一产品。继续用人工智能写一份关于奶茶的营销文案。

提问：请帮我写一份奶茶的营销文案，新店开业，奶茶 5 元两杯，其他店铺的奶茶需要 10 元一杯，本店铺的性价比更高。

讯飞星火认知大模型回答：

欢迎来到我们的新店！我们为您提供一份超值的奶茶优惠，只要 5 元，您就可以享受两杯美味的奶茶。相比其他店铺 10 元一杯的价格，我们的价格更加亲民实惠。

我们使用新鲜、优质的原材料来制作每一杯奶茶，口感浓郁香甜，让人回味无穷。无论您是喜欢奶香味浓的奶茶还是清爽口感的茶饮，我们都能满足您的需求。

除了美味的奶茶，我们还提供口味丰富的小吃和甜点，让您的味蕾得到更多的享受。同时，我们也非常重视为每位顾客提供舒适的环境和周到的服务，让您感受到家的温暖。

快来我们的店铺品尝美味的奶茶吧！让我们用高性价比，带给您更好的消费体验。

再次提问：把上述营销文案改成视频文案脚本。

讯飞星火认知大模型回答：

场景：一位年轻人走进一家新开的奶茶店，店员热情地迎接他。

镜头 1：年轻人看着菜单，发现这家店的奶茶价格比其他店铺便宜很多，感到很惊喜。

店员：欢迎光临我们的新店！我们为您带来了一份超值的奶茶优惠，只要 5 元就可以享受两杯美味的奶茶。

镜头 2：年轻人品尝了一口奶茶，感觉口感浓郁香甜，回味无穷。

年轻人：哇，这个味道真的很不错啊！相比其他店铺需要 10 元一杯的奶茶，这里的性价比更高。

镜头 3：年轻人看到店内还有各种口味的小吃和甜点，决定再来一杯奶茶。

店员：除了美味的奶茶，我们还提供各种口味的小吃和甜点，让您的味蕾得到更多的享受。

镜头 4：年轻人在店内舒适的环境里品尝着美味的奶茶和小吃，感受到了家一般的温暖。

年轻人：来这家店真的很值得！让我感受到了家一般的温暖，而且价格也实惠，真是太棒了！

镜头 5：店员送出一张优惠券给年轻人，表示感谢他的光顾。

店员：感谢您的光顾，这是我们的优惠券，下次再来可以享受更多优惠哦！

镜头 6：年轻人满意地离开店铺，向朋友推荐这家店。

年轻人：你们一定要来试试这家店的奶茶啊！真的很好喝，而且价格也很实惠！

高性价比意味着花更少的钱买更中意的产品，但是讯飞星火认知大模型生成的回答并没有引导客户购买的话术，所以需要做二次调试。

> **提问**：对上面这一份视频文案脚本做修改，需要引导用户在观看该视频时，点击左下角小黄车购买奶茶。

讯飞星火认知大模型回答：

非常感谢您的反馈，以下是修改后的文案。

场景：一位年轻人走进一家新开的奶茶店，店员热情地迎接他。

镜头 1：年轻人看着菜单，发现这家店的奶茶价格比其他店铺便宜很多，感到很惊喜。

店员：欢迎光临我们的新店！我们为您带来了一份超值的奶茶优惠，只要 5 元就可以享受两杯美味的奶茶。

镜头 2：年轻人品尝了一口奶茶，感觉口感浓郁香甜，回味无穷。

年轻人：哇，这个味道真的很不错啊！相比其他店铺需要 10 元一杯的奶茶，这里的性价比更高。

镜头3：年轻人看到店内还有各种口味的小吃和甜点，决定再来一杯奶茶。

店员：除了美味的奶茶，我们还提供各种口味的小吃和甜点，让您的味蕾得到更多的享受。

镜头4：年轻人在店内舒适的环境里品尝着美味的奶茶和小吃，感受到了家一般的温暖。

年轻人：来这家店真的很值得！让我感受到了家一般的温暖，而且价格也实惠，真是太棒了！

镜头5：店员送出一张优惠券给年轻人，表示感谢他的光顾。

店员：感谢您的光顾，这是我们的优惠券，下次再来可以享受更多优惠哦！

镜头6：年轻人满意地离开店铺，向朋友推荐这家店。同时，在左下角小黄车内留下了购买链接。

年轻人：你们也一定要试试这款产品啊！我已经在左下角的小黄车内留下了购买链接，方便大家购买。

这次回答暴露出讯飞星火认知大模型好像很难理解"左下角小黄车"是什么意思，这触及人工智能在部分领域的盲区。"左下角小黄车"其实就是抖音、快手等平台页面左下角的团购链接，所以我们需要人工稍微修改一下。

给大家展示一下我写出来的短视频文案脚本，大家可以拿我写的和讯飞星火认知大模型生成的视频文案脚本对照一下。

【奶茶店营销文案】

场景1：店面外

画面：热闹的街道，人群络绎不绝。出现奶茶店门口的招牌，鲜艳动人。

旁白：在这个炎热的夏天，你是否渴望一杯清凉解渴的奶茶？

场景2：店内

画面：进入店内，精致的装饰、舒适的座位，服务员热情地招呼顾客。

旁白：现在，我们的奶茶店盛大开业，为了回馈大家的支持，我们推出疯狂的限时优惠活动！

场景3：奶茶制作

画面：快速切换到奶茶制作的过程，展示新鲜的牛奶、优质的茶叶和专业的调配手法。

旁白：我们的奶茶，选用新鲜的牛奶和优质茶叶，通过独特的制作工艺，为您带来口感醇厚、香甜可口的奶茶。

场景4：对比价格

画面：两个对比框，一个显示10元，另一个显示5元，两个杯子分别对应奶茶店和其他奶茶店的标志【其他奶茶店打码】。

旁白：听好了！仅需5元，您就能享受两杯我们店的奶茶！而在其他奶茶店，您需要花费10元才能品尝到同样的美味。

场景5：顾客互动

画面：快速切换到顾客愉快的互动场景、笑脸和点头的动作。

旁白：我们的奶茶不仅口感绝佳，更有亲切的服务和愉悦的购物环境。来我们店，您将体验独特的品牌魅力和周到的服务。

场景6：倒计时

画面：倒计时的时钟出现在屏幕上，数字迅速倒数。

旁白：但是请记住，这个疯狂的优惠只限三天！倒计时已经开始，时间不多了！

场景7：购买引导

画面：显示店内的二维码，同时出现文字提示。

旁白：别犹豫了！扫描屏幕上的二维码，即刻购买奶茶！快来我们的店里，让您的夏天更加清凉！

场景8：显示店内欢迎标语

画面：显示店内的欢迎标语，搭配愉快的音乐。

旁白：新店开业，疯狂优惠限定三天！快来我们的奶茶店，品尝鲜美的滋味，感受舒心的体验！别错过，我们等您！

10.4 短视频文案与小红书、知乎种草文差异化分析

短视频文案与小红书、知乎种草文的差异如图 10-3 所示。

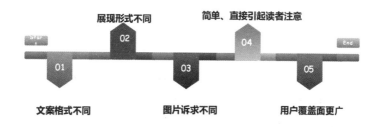

图 10-3 短视频文案与小红书、知乎种草文的差异

（1）文案格式不同。短视频的文案必须包括转场旁白、对话、表情、动作等相关叙述。对于新手而言，短视频文案越详细越好。

（2）展现形式不同。短视频文案除了要求具备文案功底之外，还要具备镜头展现能力和视频剪辑能力。对于非真人出镜的内容创作者来说，剪辑能力要特别强；对于需要真人出镜的内容创作者来说，出镜者要有很好的面部表情和肢体语言表现张力。这些是普通文案变现所不需要具备的。

（3）图片诉求不同。小红书文案是以图文方式呈现，图片要求精美。知乎文案以文章加图片的形式呈现，对于文字的要求更高。短视频文案是以短视频或动态图为主，静态图片很容易被判定为劣质视频。

（4）简单、直接引起读者注意。短视频文案需要通过简单、直接的

方式吸引读者注意。其需要运用幽默、诙谐、悬念等元素,通过文字与画面形成良好的体验感,以此引导用户购买。

(5)用户覆盖面更广。与小红书和知乎相比,短视频的用户群体更大,并且短视频有特殊的推荐机制,如同城推荐、用户喜好推荐等。

10.5 天工、讯飞星火、通义千问情景转场优化设计

既然短视频文案已经创作成功,为什么还要做情景转场优化设计?这是之前文案变现中不曾提到的,如小红书爆款笔记、知乎种草文案都没有转场化设计。那短视频中的情景转场优化的目的是什么呢?短视频情景转场优化目的如图10-4所示。

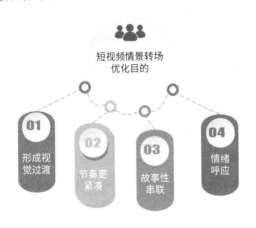

图 10-4 短视频情景转场优化目的

(1)形成视觉过渡。在短视频拍摄中,如果只展现一个人对着镜头说频率相同的话,很难引起读者持续关注。短视频最大的魅力在于通过转场和设计形成视觉过渡。理论上,每过 5~20 秒,就需要形成一个视觉转场,就像那些边走路边说话的视频很容易吸引人。

（2）节奏更紧凑。很多人在拍摄短视频时，会因为镜头感不强或语言不通顺，出现多次失误。此外，正常说话之间的呼吸间断，也建议剪掉。剪掉后，形成新一轮的转场优化设计，让视频的节奏更紧凑。

（3）故事性串联。以奶茶为例，视频最开始的镜头是该款奶茶物美价廉。转场时，内容创作者可以呈现其他奶茶的价格相比较更贵，以此形成鲜明比对，引导顾客下单，其底层逻辑就是故事性串联。

（4）情绪呼应。转场设计与视频情感氛围是遥相呼应的，根据视频表达的情绪和主题，添加背景音乐，选择适合的转场和旁白，这样能够更好地增强感情表达以及引发观众的情感共鸣。

接下来做一个趣味调试。

> **提问：** 做视频脚本时需要设计哪些内容？

天工回答：

好的，以下是一个视频脚本的设计内容。

1. 开场白。开场白应该简短明了，介绍视频的主题和目的。

2. 场景描述。场景描述应该详细生动，让观众身临其境。可以使用镜头切换、音效等手段来增强效果。

3. 角色介绍。角色介绍应该简单明了，让观众对角色有一个初步的了解。可以使用对话、动作等手段来表现角色性格。

4. 情节发展。情节发展应该合理紧凑，让观众跟随故事情节展开。可以使用对话、场景描述等手段来增强情节的连贯性和紧张感。

5. 高潮部分。高潮部分应该是整个视频的高潮，可以使用音效、画面特效等手段来增强效果。同时，也应该在高潮部分留下悬念，以便引起观众的好奇心和期待感。

6. 结局部分。结局部分应该是整个视频的收尾，可以使用场景描述、角色对话等手段来表达故事的主题和意义。同时，也应该在结局部分留下一些悬念，以便让观众产生更多的思考和想象。

7. 配乐。配乐应该与视频内容相符,可以使用音效、旋律等手段来增强效果。同时,也应该注意配乐的音量大小和时长,以免影响观众的观看体验。

8. 配音。配音应该与画面内容相符,可以使用语音语调等手段来增强效果。同时,也应该注意配音的音量大小和时长,以免影响观众的观看体验。

9. 字幕。字幕应该清晰明了,不应过于简单或过于复杂。应该根据画面内容和目的选择合适的字体、颜色和位置,以免影响观看体验。同时,也应该避免出现错别字、语法错误等问题,以免影响观众的理解和接受度。

提问:做视频脚本时需要设计哪些内容?

讯飞星火认知大模型回答:

视频脚本需要设计以下内容。

1. 视频标题:简短、吸引人的标题,能够概括视频内容。

2. 视频描述:对视频内容进行简要介绍,让观众了解视频的主题和亮点。

3. 视频时长:根据目标受众和平台要求确定视频时长,一般建议不超过 5 分钟。

4. 视频风格:选择适合目标受众的视频风格,如幽默、感性、科普等。

5. 视频配乐:选择与视频内容相符合的音乐或音效,增强视频的情感表达。

6. 视频画面:设计精美的画面,包括背景、道具、人物形象等,提高视频的视觉效果。

7. 视频字幕:添加简短的文字说明,帮助观众更好地理解视频内容。

8. 视频标签:为视频添加相关的标签,方便观众搜索和发现。

9. 视频发布平台:选择适合目标受众的发布平台,如抖音、快手等。

10. 视频推广策略:制定有效的视频推广策略,如社交媒体分享、付费广告投放等,提高视频曝光率和影响力。

通义千问回答：

视频脚本需要设计以下内容。

1. 视频主题和目标受众。

2. 剧情梗概和场景设定。

3. 角色设定和人物关系。

4. 对话和旁白。

5. 场景描述和细节设计。

6. 音乐和音效选取。

7. 文字和标题设计。

8. 画面设计和视觉效果。

9. 色彩和音效搭配。

10. 特效和动画设计。

11. 剪辑和节奏设计。

12. 视频发布和分享策略。

通过以上调试可知，天工给出的回答更详细，可以比得上80%~90%的短视频博主，大家可以按照天工给出的回答来设计视频脚本。

接下来我给大家补充一份我们团队设计视频脚本所需要考虑的因素，我们可以和人工智能应用相互对照一下。

细节设计	描述
主题/目标	视频的主题或目标，如产品推广、品牌宣传、活动宣传等
目标受众	视频的受众群体，如年龄段、性别、兴趣爱好等
视频长度	视频的时长，如15秒、30秒、60秒等
故事情节	视频的故事情节或表达方式，包括起承转合和高潮部分
关键信息	需要在视频中传达的关键信息，如产品特点、促销活动、优势等

续表

细节设计	描述
文案内容	视频文案的具体内容,包括标题、引言、正文等
情感调性	视频想要传达的情感调性,如欢乐、温馨、悬疑等
视觉元素	视频需要展示的视觉元素,如产品展示、场景设置、人物角色等
配乐选择	适合视频氛围的背景音乐选择,可以提升观看体验
视频效果	可以增加视觉吸引力和专业感的特效、过渡效果等
转场设计	各场景之间的转场方式,如淡入淡出、切换、剪辑等
呼吁行动	视频最后的呼吁行动,如购买、关注、转发等
版权问题	确保使用的素材和音乐没有侵犯版权问题

此外,我还总结了一份关于短视频文案变现的万能模板,对这份模板略加整改,可以作为大部分文案变现的视频脚本。

部分/步骤	描述	转场旁白	时间线
1.引言	吸引观众的注意力,制造情感共鸣	——	0:00–0:05
2.问题提出	提出一个引起观众兴趣的问题或挑战	旁白:你是否曾经……	0:05–0:10
3.解决方案	介绍产品或服务作为解决方案的优势和特点	旁白:现在有了……	0:10–0:15
4.产品展示	展示产品的外观、功能、用途等	旁白:看看我们的产品……	0:15–0:20

续表

部分/步骤	描述	转场旁白	时间线
5.亮点强调	强调产品的核心亮点和独特之处	旁白：我们的产品独特之处在于……	0:20–0:25
6.证明/案例	提供客户或用户的证明或案例	旁白：听听他们是如何说的……	0:25–0:30
7.情感共鸣	通过情感化的方式与观众建立联系	旁白：我们理解你的需求……	0:30–0:35
8.呼吁行动	引导观众采取特定的行动，如购买、关注等	旁白：现在就行动起来……	0:35–0:40
9.结尾语	留下深刻的印象，给予观众正能量的结束语	旁白：我们与您共同追求……	0:40–0:45

依据上面的模板，我重新写一份关于奶茶的短视频文案脚本，具体如下。

场景1：引言

背景音乐：欢快的音乐。

视觉效果：开场画面显示奶茶店的标志，引起观众注意。

旁白：欢迎来到我们新开业的奶茶店！

场景2：问题提出

视频剪辑：快速切换画面，展示其他奶茶店的高价标签和排长队的人群。

旁白：你是否厌倦了排队等待，付出昂贵的时间代价才能享受一杯美味的奶茶？

场景3：解决方案

视频剪辑：转场到奶茶店内部，展示各种口味的奶茶。

旁白：我们有一个独特的解决方案！只需 5 元，你就能享受两杯美味的奶茶！

场景 4：产品展示

视频剪辑：展示不同口味的奶茶，搭配诱人的视觉效果。

旁白：鲜嫩的水果、浓郁的奶香，每一口都是纯粹的享受！

场景 5：亮点强调

视频剪辑：特写展示优质原料的倒入、烘焙的过程，运用摄影技巧呈现美丽的奶茶图案。

旁白：我们的奶茶选用新鲜优质的原料，经过精心烘焙，每一杯都是一件艺术品！

场景 6：情感共鸣

视频剪辑：展示愉悦的顾客正在享受奶茶，笑脸和互动的画面。

旁白：想象一下，你和朋友一起品尝这美味的奶茶，留下美好的回忆！

场景 7：呼吁行动

视频剪辑：展示优惠活动的倒计时，强调只有 3 天。

旁白：但是，这个活动只持续三天！错过就没有了！赶紧来我们的奶茶店，享受这独一无二的机会！

场景 8：结尾语

视频剪辑：展示奶茶店外景和联系方式，呼应文案。

旁白：我们期待与您共同分享这独特的奶茶体验！现在就来我们的店铺，品尝这美味而实惠的奶茶吧！

需要注意：短视频爆款文案 AI 写作看重视频的表现张力，才能够形成很好的视觉体验，用户群体也会更愿意买单。脚本的好坏反而不是最重要的。

另外，人工智能工具可以辅助文案变现，但绝不能指望人工智能工具取代创作者实现文案变现，中间必须有内容创作者的参与。

整体来看，人工智能工具可以帮助内容创作者完成文案生成、文案优化、内容的个性化创作等任务，甚至可以做文案的多风格测评。无论使用哪一款人工智能工具，都需要创作者对人工智能工具进行调试。